熟齡的100種
幸福生活提案

漂亮家居編輯部 著

目錄

你成功「轉大人」了嗎？
是否該準備「轉老人」了呢？

人生的幾個階段，從兒童邁向成人的青春期，是一段摸索自我、燥動不安的過程，這段時期大概每個人都差不多，在10幾歲的年華展開；然而從成人階段真正「成熟」，迎接人生最美好的時光，時間點卻是人人不同。生命鳴槍起跑後，離開學校進入職場，每個人航路開始大不同，期待航向的終點站也各自精采，在經歷年輕歲月到青壯時期，是否為自己積存了未來美好生活的身心資產，有些準備是有形的，可以透過財務計畫、生涯規劃逐步實踐。有些則是無形的，卻最無法忽視，就是自己的心態。我還年輕，不想服老，緊緊抓住時間的尾巴力圖凍齡，卻沒看見時間在自己身上留下了各種深具意義的印記，之所以成為現在的你，現代人活得長，似乎多了第二青春期，面對熟齡生活的到來，你做好準備了嗎？

老去是每個人必經的過程,與其擔心因生病或老化行動不便,讓生活變得不便或需要倚賴他人,其實你可以在老前、老中、老後的各個階段,做好充分的準備,預先整理好物品、空間、人際關係甚至親友情感,將生活、空間和心理都收納整理妥當,用不到的、長年收集數量龐大到無處可放的物品,簡化成滿足生活所需的項目,安排好個人物品的歸宿,預立遺囑,選擇告別的方式……即使年紀漸長,也不用擔心自己有一天倒下,生活變得一片混亂,並能自信且優雅地享受愜意舒適的後青春生活。

邁入熟齡前的生活
Check List

財務保險

（　）01 是否想過沒有固定收入後，每個月的生活開銷

（　）02 已經開始存退休金了嗎？距離目標還有多遠呢

（　）03 知道政府推出哪些關於熟齡照顧的服務與補助嗎

（　）04 為自己保了哪些險種，有思考到若失智的對應之道嗎

（　）05 打算幾歲退休，試算過能領到多少退休金嗎

（　）06 對於勞保破產的新聞感到恐慌嗎？了解勞保運作情況嗎

（　）07 有想過若是生病、失能，有應變及支撐生活的資金嗎

（　）08 想過退休後的生活水準，現在的準備情況能達到嗎

（　）09 如果有的話，打算如何處理自己的動產與不動產

（　）10 你認為自己老了會成為「黃金熟齡族」還是「下流老人」

身心健康

（　）11 有定期作健康檢查嗎？身體狀況如何

（　）12 喜歡運動嗎？有運動的習慣嗎

（　）13 家族裡是否有慢性病史，有特別注意自己的健康嗎

（　）14 是否開始出現一些老化的現象，老花眼、血壓高…等

（　）15 有喜歡做的事嗎？是否有專長或嗜好

（　）16 是否擔心變老，投入大筆時間金錢凍齡抗老

（　）17 覺得自己越來越封閉，不喜歡結交新朋友和到新環境

（　）18 是否長覺得人生黯淡無光，總是感到鬱悶提不起勁

（　）19 你的朋友多嗎？還保持往來聯繫的有幾位

（　）20 和親友的感情如何，是否有多位談得來的人

生活型態

（　）21 你打算和誰共度人生下半場呢

（　）22 和想共度人生下半場的人談過嗎？對方想法和你一致嗎

（　）23 未來從職場退休後，打算在住在現居還是換地方生活

（　）24 你喜歡都會生活還是鄉居慢活

（　）25 想和家人住得近，還是越遠越好

（　）26 父母的健康如何？需要就近照應嗎

（　）27 你打算幾歲退休，退休後要做什麼

（　）28 對於退休，是非常期待還是感到不安、不確定感

（　）29 對未來的生活有什麼想像？目前自己的情況能達到嗎

（　）30 是否已開始為50歲之後的生活鋪墊布局了

住宅設計

（ ）31 你喜歡哪一種住宅類型

（ ）32 對於居住空間，你是十分講究還是湊合著也行

（ ）33 你家是井井有條還是有些雜亂東西很多

（ ）34 對於無障礙空間的印象是什麼，會想住在那樣的房子裡嗎

（ ）35 對目前住的地方滿意嗎？如果要調整會往哪個方向

（ ）36 退休之後，你想住多大的房子

（ ）37 退休就是要住進舒服豪華的房子裡，名師設計、過好生活

（ ）38 未來打算買屋或換屋嗎？會選哪個區域呢

（ ）39 想要擁有一間自己的房子，如果是照自己意思蓋出來的最好

（ ）40 會想在自宅養老還是住養老村

Chapter 1

確保生活品質：財務保險規劃

錢，是安心生活的基礎保障，尤其當從職場退下之後，沒有固定且穩定收入來源，倚仗的就是政府社福保險、企業提撥的退休金，以及自己的儲蓄。如果退休金是一筆定額，在年通膨1%的情況下，新台幣1百萬，10年後就剩下90.5萬，20年過去更只剩下82萬，如果年通膨率更高，即使是定存也抵擋不了通膨的損失。經濟基礎決定上層建築，沒有金錢談何自在餘裕的退休生活，為確保熟年的生活品質，越早開始學習理財知識，找到適合自己的財務保險工具，是迎接未來的積極作法。

Issue 1　穩定持久的財務策略

→ 1.避免「老後貧窮」

現代人自覺還年輕，也老得慢，60歲正是身心成熟、經驗豐富的年華，由於世界先進國家平均壽命普遍延長，長壽化將成為未來常態，在人生上看100年的現況下，若是60歲就退休，還有20年以上的歲月，如果都沒有新增的收入，以簡約型的每個月生活費用新台幣3萬元計算，20年的生活至少需要720萬元，更別提想要更高的生活水準應該預備的退休金，你準備好了嗎？

概略的退休生活費試算	
簡約型 NT.3萬元	10年：NT.360萬 20年：NT.720萬 30年：NT.1,080萬
一般型 NT.5萬元	10年：NT.600萬 20年：NT.1,200萬 30年：NT.1,800萬
寬裕型 NT.8萬元	10年：NT.960萬 20年：NT.1,920萬 30年：NT.2,880萬

出生年分與平均壽命的關係（以2018年為基準）

1958年出生　現年60歲　　預估平均壽命為89～94歲

1968年出生　現年50歲　　預估平均壽命為92～96歲

1978年出生　現年40歲　　預估平均壽命為95～98歲

1988年出生　現年30歲　　預估平均壽命為98～100歲

→ 2.量力而為，節流同時思考開源

試想工作了一輩子，退休後拿到一筆退休金，如果以犒賞自己的心態，過度且頻繁的作出不必要甚至浪費的支出，很可能讓錢在不知不覺中化整為零，因此必須要思考日常生活的花費是否合理且必要，並學習在居家、生活及購物習慣上「斷、捨、離」，不要因短時的快樂而造成財務上的負擔，為老年生活埋下隱憂。

在國外，開始有企業透過職務再設計，讓熟齡族群能在身心得以負荷的情況下，持續在職場發揮所長，解決青年勞動力不足的問題，同時也讓熟齡族群獲得成就感及收入。在台灣也可透過兼職或是非典型雇用機制，延長自己在職場的時間，在70歲前多積纂一些積蓄。

對策！積極開源與節流

1 找到適合的穩健保本理財工具
2 延長工作期間，兼職或非典型工作
3 慎思非必要的支出
4 檢討日常生活開銷，找出高**CP**值的購物時間地點

→ 3. 正視老後生活第一步， 了解財務基本盤

【做出精準又因人而異的生活規劃】

雖說金錢多寡不是休後生活全部，但卻是能左右可能性的現實層面！勿再人云亦云，想要人生最後一段路途過得幸福又踏實，唯有「正視自我」才能了解需求、規劃管道，讓老後生活成為自己人生中的二次美好。

「我們都還沒老，所以對於熟齡生活有太多『想像』！」中廣《理財生活家》主持人夏韻芬如此破題。所謂想像，雖說在人類心理上是參考現實社會狀態所做出的形塑過程，但她認為，面對退休之後的第二次自我人生美好，不應該只是參考他人經驗加以規劃，應該要更加「實際」。

何謂實際？簡單來說，就是自私一點，從自己出發，她言簡意賅地：「想要過好老年生活，最重要的第一步就是靜下心來聽聽自己所需為何？」畢竟從高齡化走向超高齡化社會的台灣社會，假定一位男性65歲退休，還有近乎20年光陰可以追求自己的夢想，而究竟在此數十年時歲中究竟有哪些生活選擇？該存多少錢才夠生活？全憑藉著自己在50歲時的「最終盤點」。

降低風險，提高可變動性，掌握1.5倍餘裕生活學

20來歲時，人生正當全力打拚、進入30歲後，生活時時都為了往上爬而努力、40歲後可能已經是個中階主管，努力踩著階梯一路往上的經驗，讓人可望在50歲時不論是社會歷練、自我

專家介紹
- 夏韻芬
- 中廣《理財生活家》主持人
- 從財經記者轉為理財達人，除了是媒體、電視台力邀的理財專家外，更是暢銷書作家，著有《投資報備股票》（時報出版社）、《當代理財王──夏韻芬》（我識出版社）等書。

認知度都應當趨於夠沉穩，就從這個時間點來提早打算老後生活吧！確實掌握自己的老後生活藍圖，是一切規劃源頭！當然，藍圖就會影響經濟需求，所以別再問該要有多少錢才能退休，重點應是在於「你的退休藍圖為何？」

簡單來説，要盤點2個需求，分別是「居住問題」，以及退休後的「所得替代率」。現在就替自己的人生預先打點好一切，熟年才能活得更加完美精彩。

1 居住問題

老後有個安身立命處所，固然重要！所以有沒有自有宅？想要住養老村還是跟孩子共居？以房養老概念依舊可行，現有房子不僅可以自住，也能選擇跟銀行反向抵押後以月領金的方式換取生活費。而後住進養生村和有著相同年代記憶的人們日日談天過活。當然，若是你是天性個性內向的人，還得認真思考住進大家一同生活的養老村，是否合適！

2 所得替代率

有人退休後想要環遊世界、有人想要開始培養興趣，或者是多陪著兒孫，不論是哪種，請先規劃好所需開銷，一般來説在食衣住行上並無過大支出，反倒是育樂與健康兩者佔了極大花費項目，若是估計每月5萬才足以滿足所需，就預先規劃7萬5千元的月支出，擴大資金準備才能降低高齡生活不必要的恐慌感。

重點提示

1 進入50代後精準盤點人生資產負債表。
2 清楚了解自己對於「老」的想望。
3 退休後不做高風險理財規劃。

→ 4.缺乏理財知識，
　　是退休最大的風險

由於現在臺灣人口結構的扭曲，出生率極低化的情況，政府社福支出倚賴舉債維持，誰也無法肯定最後能否領得到原先預期的社會保險給付，如果完全仰賴政府規劃的社會保險，只能保障最低限的基本生活，熟齡人生是曝露在風險之中的。因此自己做退休理財規劃是很重要的事，不過若是從來沒有學習理財的人，不可能隨年紀增長就會懂了，這反而可能在領到退休金後，因為人云亦云的說法或不懂得風險管理而將退休本賠光光，因此在青壯年的時候，就要學習「管理金錢的能力」，及早規劃，才是保障熟年生活的積極作為。

透過自己的理財規劃，讓退休後仍有持續不斷的現金流挹注，而不會有坐吃山空的焦慮。隨著年紀增長，健康的時候一切都不成問題，不過不能忘記預留最後3～5年自然老化而需要的醫療、喪葬費用。

消極的退休理財

積極的退休理財

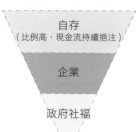

勞保與勞退新制的差別

勞保屬於退休金的第一支柱，也是年改的焦點，若遲不改革，愈有可能破產。退休新制屬於「確定提撥制」，錢都放進了勞工專屬帳戶，可以帶著走、換工作也不怕，還享有延後課稅、兩年定存利率保證，沒有破產疑慮。

→ 5.找到適合自己個性的理財工具

以目前銀行不到1%的定存利率，若想靠定存利息賺足退休金，得存上一大筆錢。雖然定存相較容易變現提領，但定存利率根本趕不上通膨率，而且解約還得賠違約金。保險的報酬率雖然優於定存，但保期少則6年、長則20年，考慮到變現容易度、資金運用靈活度，保險這種方式不見得立即能夠存到資金。至於債券的獲利和風險呈正相關，風險低，獲利也相對低；風險高，獲利也跟著高，必須考量自己的風險耐受度。而投資外匯，光單就銀行的買進、賣出價，就有1.5～2%的價差，想透過外匯投資賺錢，報酬率至少要達2%以上，但外匯價格很少在短期內有此增幅。

理財專家林奇芬則建議，針對熟齡生活的理財規劃，可考慮股票搭配股票型基金。心態上不要奢望從股市賺取價差，而是抱持定期存股領股息，主動理財卻不被綁架，心情才不會受股市大盤的起伏受到影響。建議新手可從殖利率表現佳、至少超過20年以上穩定配息、已歷經過好幾輪經濟景氣循環的個股開始，搭配ETF，就像買一籃子股票，降低風險同時有較佳的獲利率。

> **ETF是什麼？**
>
> ETF的全名是指數股票型基金（Exchange Traded Fund），就是透過購買指數成分股，追蹤指數報酬的基金。舉例來說，台灣第一支ETF「元大台灣卓越50」（台灣50）就是投資台灣上市公司前50大的企業，由於投資者購買的是一籃子股票，不必擔心單一公司倒閉產生的風險。

→ 6. 培養正確理財觀，存到穩定現金流

【即知即行，隨時都可進入夢幻退休人生】

渴望悠閒自在的退休生活嗎？別以為思考此問題還太早，將自身工作狀態認定為「半退休」的Money錢雜誌顧問林奇芬表示，能否實現心中美夢全憑藉壯年時期的理財鋪路，所以退休不必刻意拘泥年齡，其實懂得理財調配，隨時都可以進入夢想中無須上班打卡、享受生活的游刃有餘時光。

依據人力銀行的統計資料顯示，平均來說台灣上班族希望的退休年齡落在55歲，實屬偏早，加上多半認定存款需高達一千多萬才敢退休，就現實面來看，似乎能完成退休美夢的人，寥寥可數！而首先，瞭解一大關鍵基礎即是「傳統退休金照護金字塔觀念該徹底翻轉」！簡單而言，在少子化趨勢下本應是退後生活基本照護發揮功效的社會福利制度，無從寄托；企業主提撥之勞退方案金額低、利率不佳，無法應付高齡化下衍伸出退後生活逐年拉長的時間問題，所以靠山山倒、靠樹樹倒，只有「靠自己最好」！

專家介紹

· 林奇芬
· Money錢雜誌顧問
· 曾任Money錢雜誌社長、Smart智富月刊社長、衛視中文台財經節目製作人、公共電視新聞部記者，對於理財投資有一套獨到的自我見解。

不靠激情仰賴續航力，
堅持每月固定投資才是王道

俗話中所提及「放長線、釣大魚」理論，講得就是退休理財觀，該如何有效管理就業以來20年的投資報酬率成功讓未來退休金能夠有5～10%利潤，才可讓退後生活不受經濟生活所苦，進而能創造出更多不同豐富生活面向。若能及早準備時間相對充裕，相對風險也下降，就算可用資金不多，妥善利用資產配置，以定期定額方式進場，忍耐短期波動，持續投資累積知識，才能落實長線報酬。

並不是傻傻存、慢慢買就可以存到千萬退休金，若希冀退休後能有穩定現金流，可選擇「存股」，慢慢累積張數，運用股票配息創造現金流，舉例來說，金融股還會發股利，可以創造股利換張數，讓雪球愈滾愈大；而後配合風險攤平概念，以工具挑選上可搭配部分債券基金，許多上班族多選擇配息比可高達6%的高收益債券基金，但是其實隱含了本金波動風險，應當配合相對穩定的全球行債券基金、新興市場債券基金，才能達到年報酬率10%的期待值。

當然入場前還是須先自我審視投資性格，例如保守型、穩健型還是積極型，並非傻傻地聽別人報明牌，必須確實掌握自身能以承受的風險評估加上小額資金逐漸累積的計畫，避免老後僅有一棟房子居住，創造實際可運用現金流才能提高實現完美退休生活的機率！

風險評估類型的投資比例	
保守型	**債券基金**（定存）：**股票基金**（台股基金、全球型股票基金） **7：3**
穩健型	**債券基金：股票基金** **5：5** *建議股票基金可以設定台股ETF指數基金
積極型	**債券基金：個別股票**（股票基金） **3：7**

三個重點
1 退休理財並非從退休後才開始，而是工作時就應當準備。 **2** 掌握自身性格發展合適投資理財管道。 **3** 以房養老是沒有理財觀下的最後保衛戰。

Issue 2　個人保險的規劃

→ 7.了解家族病史，決定保險種類

許多人怕老，其實怕的不是「老化」本身，而是「生病」。

根據中華民國家庭照顧者會調查，倘若有一天需要人照護，不論是住在專業養護機構，抑或仰賴家人照顧，平均每人長照費用每月約新台幣2～3萬元，這是非常實際的問題，尤其是年紀來到40～50歲，現在職場、生活壓力大，身體多少小有病痛，熟齡族年紀增長後基礎代謝率降低、飲食習慣改變，開始面臨三高、肥胖、糖尿病等慢性病，加上照護家中長輩的經驗，可據此作為選擇保單的依據。不過，如果身體健康狀況已不佳，或有家族病史，選購殘扶險、長照險，有可能面臨保險公司拒保，或是部分項目必須加費，保險公司才願意承保的情形。

險種理賠依據	
長照險	針對「失能」、「失智」，依據「狀態」理賠，保費較高
類長照險	只理賠特定傷病，確診就理賠
殘扶險	依照殘廢等級認定，保費較低

→ 8.殘扶險、長照險、類長照險

對許多人來說，選購一張「長照保單」，讓自己萬一失能後，還能給付看護費用，是替自己未來建立保障最常見的方式。只不過，保險業界鎖定「失能」、「失智」老化症狀所設計的「長照保單」，經過十多年後，又衍生為「殘扶險」、「長照險」和「類長照險」三大類保單類型。看起來有些相似，實際價格、項目卻又不相同。

長照險根據巴氏量表理賠，認定不易

針對「失能」、「失智」二大症狀推出的長照險，理賠是根據「生活自理能力的有無」來判斷。

長照險評估失能或失智的狀態，分為「生理功能障礙」，6項中包括進食、移位、如廁、沐浴、平地移動、更衣，符合3項障礙即可理賠。另一種是「認知功能障礙」，依病患能否辨識時間、場所、人物，有2項無法清楚辨識，就可獲得理賠。

雖然1996年保險業就推出「長照險」，但有意願購買的民眾比例不高，截至2017年，長照險的有效保單累積僅60萬件，這是由於不像日本「介護保險」，承保、認定、理賠都由公部門承作，民眾的信任度較高，台灣保險業界推出的長照險面臨銷售不如預期，主要因素除了缺乏第三方認定機構，保戶擔心各家醫生認定標準不同，擔心理賠困難，且保單給付條件也過於抽象。

殘扶險理賠原則

業界對殘扶險的理賠，多為符合1～11級殘廢時，先獲得一筆一次性給付的殘廢保險金；符合1～6級殘廢者，可再依嚴重程度，領到定期給付的殘廢生活扶助金。

特定傷病保險，難以預測罹病是否符合

另一種常被業界稱為「類長照險」的「特定傷病保險」，不像長照險理賠重點在於失能、失智的判定，只要罹患保單所列舉的疾病就能獲得理賠。特定傷病保險常被歸為長照相關保險產品，不過這類保單的理賠邏輯，和「重大疾病險」相似，是依據罹患特定病症，來判斷理賠。在「重大疾病險」選擇的是癌症、心肌梗塞、腦中風等七大病症，而在特定傷病保險中，各家業者的保單設計，再增列特定疾病。上了年紀易出現的腦中風、癌症在列，因此會有民眾選擇此險作為保障。然而，「特定傷病保險」理賠認定病症雖然相對明確，但誰曉得自己究竟會生什麼病呢？因此，民眾擔心未來若面臨失智、失能，卻又非保單所認定傷病，就無法獲得理賠，成為不少民眾接觸「類長照險」最大的疑慮。因此，最適合購買「類長照險」的族群，是有家族病史、特定病症罹患率較高的族群。

殘扶險與勞保失能給付標準相同

近期出現的「殘扶險」，理賠關鍵在於「殘廢與否」，因此只要是疾病或意外而導致達1～11級的殘廢，都能獲得理賠，1～11級殘廢等級，數字愈少，表示殘廢狀況愈嚴重。

殘扶險所規定的殘廢11級79項分類，其實是參考「勞工保險」中失能給付的規定。雖然殘扶險才出現不久，但勞保中的失能給付早已推行許久，也累積足夠理賠案例。不論解說保單內容或是後續的理賠，都較無模糊空間。

→9.判斷險種產品是否適合自己的指標

購買保險的預期心理，無非希望一旦面臨失能失智或需要照護的狀態，購買的保險能提供理賠，支應當下的狀況。因此，根據這些需求選購保險產品時，要留意以下幾點：

1 是否具豁免保費機制

所謂的「豁免保費」，是指當要保人、也就是付錢買保險的人，不幸發生身故、1~6級殘廢、重大疾病或重大燒燙傷等任何一種狀況，就可不必再繳保費，但保單持續有效。市面上不是每張保單都有豁免保費條款，建議可事先詢問，選購具有豁免保費的保險商品。

2 給付頻率及時間

根據衛福部統計資料，失能者平均需要的看護時間約7.3年。一旦失能或失智後，保單給付期最好超過10年。目前的保單給付期頻率，有一年、半年、一季、單月幾種，給付頻次是越短越好。舉例來說，如果發生失能需要照護，不論聘請外籍看護，或至安養照護機構，每月都有固定開銷支出，因此選購保單產品時，最好是能夠按月支付理賠金，較能符合需求。

3 若健康不佳，可能無法承保或加價

即使知道提前規劃長照保障，但隨著人生各階段資金的運用重點不同，不少人是年近中年才意

識到長照保險的必要，但50歲才買，還來得及嗎？如多數保單的購買原則，殘扶險、長照險、類長照險，也是愈早買保費越低，但多數人都是從壽險、醫療險等基本保障購買後，才有餘裕思考規劃長照險，因此若手中資金有限，可先購買保費較低的殘扶險，若有餘裕，再逐步規劃。

另一種思考則是在退休金規劃中安排一筆醫療準備金，未雨綢繆的計劃，端看每個人的需求與能力條件，量力進行。

→10.積極面對大環境不佳及早準備

根據《遠見雜誌》「2018台灣工作族群退休準備指數大調查」結果，有高達7成的受訪者認為退休理財缺乏諮詢管道，更有6成3的受訪者表示幾乎入不敷出、沒錢規劃（複選）。而退休後生活每月需要多少錢才夠？調查結果約7成3受訪者，認為每月基本開銷不到3萬元，更有近1成5的人甚至認為不到2萬元；評估退休每月開銷超過4萬元者，不到4％。

受到年改影響，民眾對往後退休生活，多有「縮衣節食」的準備，對開銷的預期偏低，這個結果對穩定安老是個警訊。逃避可恥且無用，唯有抱持積極面對的心態，找到能夠持續執行的退休理財方案，才是避免成為「下流老人」，陷入「月薪5萬還是又老又窮」的處境。

| Chapter 2 |
活出彩色人生：身心健康管理

邁入熟齡階段，漸漸感受到身體機能的各種變化或衰退，像是需要老花眼鏡、看東西不夠清晰、眼睛也容易疲勞乾澀；記憶大不如前、人事時地物的名字有時無法立即講出；血糖、血脂、血壓、腰圍、體脂上升；女性經歷更年期症狀、男性易有攝護腺或性功能障礙現象；其他心血管、腦血管、消化道、呼吸道、泌尿道、肌肉骨骼神經系統⋯⋯等疾病或退化性問題可能已悄悄上身。

不論你是事業輝成或早早退休，或仍在為生活家計終日奮鬥，進入熟齡後，身體健康至關緊要，年輕時為打拚事業透支的體力、犧牲的健康，必須積極養護重建，為未來的幸福生活打下基礎。

Issue 1 活躍的老化

→ 11.儲備健康長壽的身體素質

經濟合作暨發展組織（OECD）與世界衛生組織（WHO）提倡的「活躍老化」（Active ageing）觀念，提供熟齡族在消費、休閒、教育、志工各方面一個新的願景，透過適切的安排規劃，除了減能夠少對社會的依賴，更可持續貢獻社會。熟齡族生活規劃、社會參與，是具有重要的經濟意義。

現在對「成功晚年」的想像畫面，漸轉變成「活躍的生活」，以漸進式退休規劃熟齡人生。現代醫學進步，加上平均壽命延長，對於病症的緩解治療不是難題，反而更該關注如何過有品質的生活，讓健康的時間越長越好，同時生活得有安定感。會到醫院的人，多半是相對健康情況比較差的一群，也因此在高齡醫學這個領域，面對長照問題，就要將介入的時間往前推、走進生活，從前端開始改變，才有機會延緩並縮短需要照護的階段。

自己可以做到的，就是儲備健康長壽的身體素質，同時觀察住家周邊環境，從家到附近大眾交通據點、賣場、公園的行走距離，是否有足夠的活動量，維持社交圈的多樣性，社區最好就有多個社交據點，參加社團、學習才藝、回饋社會等，把運動的習慣和不同年齡層的社交活動，變成生活的一部分。

了解居住環境的生活支援

你所住的社區，是否提供足夠的生活支援？評估住宅附近的醫療資源，找到投緣的診所，未來智慧系統導入，話筒或螢幕的另一端，要是自己信任的人或家庭醫師角色。至於住宅的設計，如果正值40～50歲要裝修住宅，要預想住到70～80歲的可能情境，通常是從最壞的往回推，思考假設未來發生的失能、失智情況，透過全齡化適用的空間設計，讓生活得到最大的便利性與美觀，導入明亮充足的採光，直覺流暢的動線與空間尺度，同時預留智慧系統導入的管線及網路。發生了才改，通常來不及也不好看，只能將就，這樣一來生活品質將大打折扣。

→ **12.即早通盤規劃熟齡生活，**
　　做人生的主人

【住進生命中最安穩的健康住宅】

有句諺語：「人生60才開始！」然而曾經眾人盼望的含飴弄孫、逍遙自在的退休人生，如今卻變成人人害怕應對的人生規劃。因應高齡化，若真的60歲退休，正意味著接下來的20來年必須快速適應從「社會化生活」轉變成「個人化生活」，不再以群體生活為重，反倒更加反視自身有何需求，不論是生活空間、健康狀態，所有準備必須從壯齡就要開工了！

專家介紹
- 陳亮恭
- 臺北榮民總醫院高齡醫學中心 主任／主治醫師
- 畢業於陽明大學醫學系及衛生福利研究所博士班。擔任國際高齡學術期刊主編，至今已經發表過高齡相關研究超過200篇以上的國際醫學期刊論文。

臉上又多了幾條皺紋、過了50歲就不想再過生日了……坊間許多人面對年齡增長，總是有些許不願意面對的抵抗，但是面對高齡長壽化時代來臨，實際面對無法抗老化，而是該如何合理預防老態龍鐘，以及老後生活的學習，才應當是走在未來生活的前端思考！

從壯年開始準備老後隨之而來的生活型態與心態，才能提早看出未來一盤美味可口料理中所缺食材、物件，進而從當下開始重新備料。

臺北榮民總醫院高齡醫學中心主任/主治醫師陳亮恭表示，長年關注高齡醫療之下發現，關注老後生活不該單從醫病著手，因為老後醫療可能即便物理治療已痊癒，但人卻無法變好，因為身心功能、家庭支持、功能衰退影響整個身心復原。以英國研究發現，不論年齡凡是未做好妥善規劃，一退休兩年後就會產生憂鬱症，因此，建立一個令人開心的生活空間及相當重要！

漸進式友善生活空間，落實無齡快樂人生版圖

「被需要、被看到」是人們無論活到幾歲都想要擁有的渴望，尤其是走過壯年華麗年歲、逐漸邁向老齡生活的高齡者常常在一日間即需將自身從高度社會化生活轉到個人化生活，落差感之大，固然難以完美轉換，因此何不讓自己多點時間準備休後生活呢？把退休過程拉長，讓退休不是一天的事，並且及早規劃合乎通用設計的住宅，讓「買房養老」一詞真正兌現！

建議在邁入50代時可重新審視自家住宅設計是否足以因應老後需要輔具的生活，例如高低段差、適當門寬、浴室空間大小等等。此外，因為台灣公共空間環境尚未十分友善，還未能讓長者自在外出，不用擔心出門後「一路上有沒有椅子可坐？有無廁所可上？」因此需在可移動的社區範圍內以及居家空間中規劃活動空間，維持基本肌耐力，也正是所謂地要活就要動。

除了居住之外，另一重要關鍵就是「人際關係」。不論國內外皆可見有推出年齡相仿者一同入住的養老住宅，但是其隱憂則在於興趣、話題過於雷同，無法創造更多互動與火花，和更多不同年齡層、興趣層面的人群互動，不僅可以培養

不同人際關係，更有助於高齡者腦部運轉，同時
也讓他們感受到被需要性，可以實現更有氣質的
過人生。

不論是住宅規劃、交際圈，甚至是醫病信任感培
養都可從壯年時期著手，由於台灣醫療環境習慣
面對面接觸，然而隨著年紀增長，慢性病照護上
其實可依賴智慧照護可能性，不見得一定要住在
醫院旁，一個真正的高齡友善城市是可讓人從心
靈層面開心起來的友善環境。當一步步藍圖建構
完善後，未來長者不再只是感覺到不被需要，反
而是可以真正享受為自己而活的快樂人生。

重點提示

1 社區範疇內可運動性絕不可少。
2 豐富生活網絡多樣性。
3 嘗試了解遠距照護可能性。

Issue 2　身體心理都活得健康

→ 13.做好健康管理，
　　防止未老先衰

年過50後，由於身體老化、骨質密度與肌肉質量下降，都是造成「行動障礙症候群」的因素，若不加留意徵兆就會容易忽略。若發現擰毛巾扭不乾、旋轉式手龍頭關不緊，或來不及過馬路、跌倒次數比往常要多，就要特別留意「行動障礙症候群」的發生。行動障礙症候群有著性別差異，在男性族群中，出現的行動障礙徵狀多半是由肌少症和衰弱症引起，而在女性則大多是肌少症和平衡力不足的問題。

改善的訣就是要「勤動」，日常生活能站就不要坐著，好發在男性身上的肌少症是因為肌肉量不足，衰弱症則和行動力有關，可以透過補充蛋白質和運動，加強肌力和行動力；女性族群除了加強肌力之外，還可透過深蹲、下肢運動，或是透過抗阻力運動，改善平衡感不足的問題。

核心肌群是人類重要天然的護腰：包圍腹腔、大腸、小腸，主要負責穩定腰椎的工作。相臨關節互補中，腰椎需要高穩定性，否則容易磨損而造成椎間盤突出，導致小面關節退化，長期腰痛。因此腰椎的穩定度就要靠核心肌群。也要保持正確姿勢，長期低頭易使頸部核心肌群失能。

壓力與飲食習慣讓腸胃生病

為什麼說人類罹患胃腸病幾乎是注定的事，這是因為現代人常碰到的2個狀況，剛好都是得到胃腸疾病的先決條件：第一是吃太多和吃不對，第二是壓力和情緒。

壓力常常和不良的飲食習慣有關，而且是一種惡性循環，處於慢性壓力下的人，多半隨時都想吃東西，特別是甜食。平日主食中的澱粉多以全穀類為主，多吃粗食、少吃精緻加工類食品，保持血糖穩定，就能讓情緒跟著穩定下來。

健康管理重點
改善體質：消除疲勞、解除疼痛、提升血管力
健康長壽：活化腸道、增強肌力、激活腦力

→ 14. 你有中年退休症候群嗎

目前台灣平均壽命男性76.8歲，女性83.4歲，一般來說50多歲的整體健康狀態應該還很好，體力及精神狀態比早期年代的同年齡的人好得多，除非發生意外或生病，否則50歲的精神跟體能約相當於之前的40歲，退休真的算早了。

50多歲卻已經退休2～3年，若經常感到焦慮憂鬱，男女原因不同。雄性激素負責活力，雌性激素和情緒比較相關，因此睪固酮低下的男性情緒會體力下滑、疲倦、外觀改變、性慾下降，甚至情緒低落，檢查睪固酮很簡單、抽血就能檢驗。焦躁不安在「睪固酮低下症」文獻中甚少提及，關聯性很低。

女性在50歲左右開始進入更年期，雌性激素下降，會對整個情緒系統成影響，導致焦慮症、憂鬱症出現或惡化。補充女性荷爾蒙之後，一般的反應是只能改善潮紅、盜汗，對焦慮或憂鬱症狀沒什幫助。但女性的社交支持系統相對較好，姊妹淘相互支持，多少做做家事也是成就感來源，退休的影響相對比較小。

從50歲左右停經到60歲，女性是廣泛性焦慮症及憂鬱症的高危險群，有些時候症狀來的又快又猛，甚至出現恐慌或自殺的意念，嚴重者往往需要住院治療。但是依然有許多人不想面對，或不

知道要看精神科，反而從症狀著手，心悸就看心臟科，肩頸緊繃、頭暈、頭痛看神經科、復健科，憂鬱症的莫名疼痛就看疼痛科，去醫院像上市場，真是苦不堪言。

 → # 15.走出退休的失落
找回生活的熱情

退休後整個生活沒了重心、沒了人際互動，也沒了成就感；開始出現莫名的焦慮感，甚至憂鬱的情緒，擔心更年期、失智症發生；對社會局勢的不安與不確定性，對下一代的擔心，有些中年失業者並非自願退休，而是跟產業走入夕陽，或被迫離職，內心可能有許多的感慨或憤怒，更會讓焦慮憂鬱的狀況更糟。

此時更要尋求專業的意見，尤其精神科醫師，或者做一下短期的心理諮商。生活內容與金錢運要有適當計劃，並需具備彈性和危機意識。建立新的社交生活、休閒、興趣，不要怕嘗試或失敗。第一步是最困難的，試個兩三次就習慣了，你也可能需要嘗試幾次去找到適合自己的東西。保持開放、學習的心相當重要，更積極地計畫事業第二春也是一種選項。

Issue 3　如何「快樂」生活

 → **16. 群我關係的聯結，延緩老化**

退休之後，工作、育兒的責任都告一段落，除了到公園做體操，找鄰居朋友串門子泡老人茶、下棋以外，現在日本熟齡族還流行「當演員」。藉由演戲的過程，放下平日生活的桎梏，體驗完全不同的人生。

在高齡人口眾多的日本，幾乎各個縣市都有數個老人劇團，參加者多半是沒有表演經驗的素人。有些人是年輕時想當演員卻沒有機會，大部分是卸下家庭、事業的重擔後，在閒暇時間想挑戰、改變自己。演戲最有意思之處在於人有無限的情感，平時我們只會固定展現情緒的某些面向，但在戲劇的世界裡，可以盡情的揮灑，搬演和自己截然不同的角色，和一群志同道合的人互動、激發潛能能夠釋放壓力，讓自己更開心。

培養多樣化的興趣

過去有許多研究都顯示，休閒活動可以降低罹患失智症的機率，「培養嗜好」成了熟齡生活重要的議題。這些休閒活動包括了彈奏樂器。最近二十年來，研究發現彈奏樂器動用的腦細胞更多，效果更好，除了預防失智症之外，也用於中風、巴金森氏症和失智症等的復健治療。

幾年前有一部電影《高年級實習生》，講述職場資深退休工作者，到新創企業「實習」，反而成為公司CEO的人生導師。回饋社會，可透過各種不同的管道與組織，提供自己的人物、物力及腦力資源，像是支援偏鄉教育、做志工，或支持青年返鄉創業促進地方發展、協助青銀共同開創的事業等。

→ **17.知識經驗的傳承，被需要的幸福感**

想要過得快樂很簡單，就是盡量「利他」（altruism）。幫助別人時，善行會活化大腦的愉悅中心，產生正向的神經傳導物質，也能從服務別人中看到自己的價值，這樣的行為帶給我們自信。

上一階段的傷學著放下它

心理學理論認為，人一生中，各階段都有應該要完成的任務。例如，人在10幾歲的青少年階段要學習發展信任感；20至40歲經歷戀愛、結婚，和另一半展開新生活，這個階段多半要處理親密感；過了50歲後，人就要開始從親密走向傳承；而60歲後則就要走向整合。前面沒有發展、完成的，下個階段就會來索討。

有些人會受困於不睦的家庭親子關係，親子雖然有血緣，卻仍可能並不投緣。比起感傷、埋怨，不如將重心放回自己身上，照顧自己，讓自己快樂開心。

做無齡感的人，不被世俗制約

有一種說法，人的肉體其實深受大腦影響，愈覺得自己老，身體就會表現得「恰如其分」。如果覺得反正老了，不需要重視打扮、懶得出門，心靈接受外界刺激減少，身體真的會跟著衰老；相反地如果保持年輕心態、樂在生活，身體肯定也會以健康來作為回饋。當你願意相信自己、內在強大了，傳統社會對「年齡」約定俗成的看法便不會再形成困擾。畢竟，有誰規定幾歲了就不能再做什麼事情！

| Chapter 3 |
你不是一個人：社福支援協助

據統計至2018年3月底，65歲以上老人已達331萬2千人，占台灣總人口14.05％，正式進入高齡社會；推估至2026年將達20.6％，邁入「超高齡社會」，即每5人就有1人為65歲以上的老人。

有鑑於長期照顧需求人數隨之同步增加，加以家庭的照顧功能逐漸式微，導致個人與家庭的照顧壓力日益加重，進而衍生社會與經濟問題。為滿足未來龐大的長照需求並減輕家庭照顧負擔，2016年9月通過「長期照顧10年計畫2.0」（簡稱長照2.0），2017年1月1日啟動，2018年起實施長期照顧服務給付及支付新制，以社區為中心規劃，往前延伸發展預防保健服務、向後銜接在宅醫療等健康照護資源，搭配長照服務單位特約制度，鼓勵更多長照服務單位投入、提升服務提供效率。本章即彙整社福支援資訊，讓你快速掌握各種資源協助。

Issue 1　長照2.0

觀念

→ 17.長照2.0服務的對象及內容

2007年起實施的長照1.0，居家服務、喘息服務和交通接送三項推行有成，但仍有資格限制（僅開放4種人申請）、服務項付限制（給付不能跨項目別）、服務量限制（缺乏照顧服務員）等因素，導致民眾認知度低，覺得不好用，還是採取聘請外勞或送至機構等方式。

為彌補這些限制，2017年起實施的「長期照顧10年計畫2.0版」（長照2.0）的目標，以找得到、看得到、用得到為建構方向，服務對象擴大，除了65歲以上失能老人之外，還包括55歲以上失能原住民、50歲以上失智症者及任何年齡的失能身心障礙者。

服務項目增加，在原本的8大服務項目之外，再增加失智照顧、原民社區整合、小規模多機能、照顧者服務據點、社區預防照顧、預防／延緩失能，以及延伸出院準備、居家醫療等服務項目，不僅向前端銜接預防保健，降低與延緩失能，並向後端銜接安寧照護。

長照1.0 與 2.0 比較

種類	服務對象	服務內容	說明
長照1.0	1.65歲以上失能老人 2.55歲以上失能山地原住民 3.50歲以上失能身心障礙者 4.65歲以上IADL（工具性日常生活活動能力量表）獨居者	1.照顧服務使用率NO.1 2.居家護理 3.社區及居家復健服務 4.喘息服務 使用率NO.2 5.交通接送 使用率NO.3 6.輔具提供及無障礙環境修繕 7.營養餐飲服務 8.長期照顧機構服務	1.長期照顧管理專員人力不足 2.服務時數嚴重不足 3.家屬最終放棄政府的長照服務，轉而自力救濟 註：民眾自救之路有三：聘用外籍看護、送往養護機構、家屬自行照顧，皆非「長照1.0」服務範圍，因此難得到良好照顧。
長照2.0	除1.0之外增加： 1.50歲以上失智症患者 2.55歲以上失能平地原民 3.49歲以下失能身心障礙者 4.65歲以上衰弱者	1.增加失智照顧 2.原民社區整合 3.小規模多機能 4.照顧者服務據點 5.社區預防照顧 6.預防／延緩失能 7.出院準備 8.居家醫療等服務項目 9.社區三極整合服務	1.於22縣市成立長期照顧管理中心及其分站，提供單一窗口申請、評估及落實 2.開通1966長照服務專線 3.新的給付及支付制

服務找得到、容易找

為提供民眾便利可及的長照服務，於全國22縣市成立長期照顧管理中心及其分站，提供單一窗口，受理申請、需求評估，以及協助家屬擬訂照顧計畫等業務。1966長照服務專線已於2017年11月24日開通，民眾撥打專線後，長期照顧管理中心將派照管專員到家進行評估，依需求提供量身定做長照服務。且政府補助「服務提供單位」懸掛一致且顯眼的招牌，讓民眾「找的到」長照服務在哪裡。

長期服務機構標誌，有掛牌的也代表此家長照機構有經過專業評估，經政府立案核准的照顧機構。

長照服務專線
市話或手機撥打「1966」，前5分鐘通話免費。

新的給付及支付制，量身打造照顧計畫

有別於過去民眾須各別瞭解後再選擇各項長照服務資源，新制將原有的長照服務，整合為「照顧及專業服務」、「交通接送服務」、「輔具服務及居家無障礙環境改善服務」及「喘息服務」等4類給付，由照管專員或個案管理師針對個案長照需求量身打造照顧計畫，再由特約服務單位提供長照服務，讓長照服務更專業多元，也更符合需求。

新制上路後，增加了多的評估面向，如工具性日常活動、特殊照護、情緒及行為型態等，將各類的長照失能者納入長照服務對象；同時將長照失能等級自3級分為8級，可更細緻滿足不同失能程度的照顧需要。

新制將長照服務打破過去僅依「時」計價之模式，並改善過往不同工同酬之情形。以民眾可獲得的服務內容，分別按次、按日、按時等多元支付方式，並建立特約制度，簡化服務輸送及申報作業等行政流程，期提升效率。

申請長期照顧10年計畫（長照2.0）流程示意圖

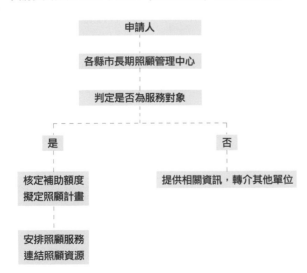

→ 18.社區照顧ABC模式，
實現在地老化

為落實在地老化政策目標，廣結醫療、護理、社福、長照以及社區基層組織，共同布建社區整合型服務中心（Ａ）、複合型服務中心（Ｂ）、巷弄長照站（Ｃ），建構綿密的照顧資源網絡，提供民眾整合、彈性，且具近便性的照顧服務據點。

民眾只要使用到A、B、C任何等級的服務，即可接觸到社區整合長照服務網。政府的目標是在2020年底前至少布建A、B、C級各469、829、2,529處據點，使照顧服務據點更普及化。

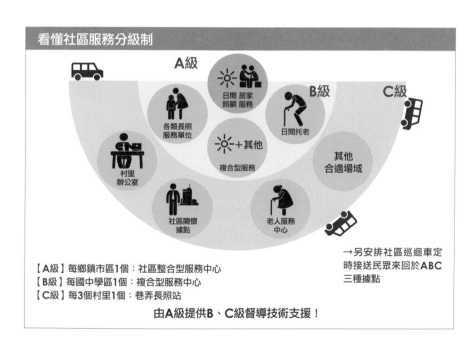

看懂社區服務分級制

A級

B級

C級

日間照顧 居家服務

各類長照服務單位

日間托老

村里辦公室

☀+其他
複合型服務

其他合適場域

社區關懷據點

老人服務中心

→另安排社區巡迴車定時接送民眾來回於ABC三種據點

【A級】每鄉鎮市區1個：社區整合型服務中心
【B級】每國中學區1個：複合型服務中心
【C級】每3個村里1個：巷弄長照站

由A級提供B、C級督導技術支援！

結合醫療、長照、住宅、預防、生活支持
透過長照管理中心評估、連結服務，以ABC社區整體照顧模式，串聯各項服務體系，期可讓所有長照需求者，均得享有高品質且符合人性尊嚴的長期照顧服務。

社區A+B+C整合服務網

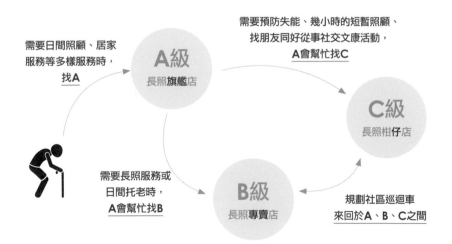

需要日間照顧、居家服務等多樣服務時，**找A**

需要預防失能、幾小時的短暫照顧、找朋友同好從事社交文康活動，**A會幫忙找C**

A級 長照**旗艦店**

C級 長照**柑仔店**

需要長照服務或日間托老時，**A會幫忙找B**

B級 長照**專賣店**

規劃社區巡迴車來回於A、B、C之間

長照2.0整合服務說明

對象	類別	申請單位
長照10年計畫2.0服務對象	**A級** 長照旗艦店	・公立機關（構） ・以公益為目的設立之財團法人、社團法人、社會福利團體
	B級 長照專賣店	・以公益為目的設立之財團法人、社團法人、社會福利團體 ・老人福利機構（含小型機構）、身心障礙福利機構 ・醫事機構 ・社會工作師事務所
	C級 長照柑仔店	・以公益為目的設立之財團法人、社團法人、社會福利團體 ・老人福利機構（含小型機構）、身心障礙福利機構、醫事機構 ・社會工作師事務所 ・其他如社區照顧關懷據點、社區發展協會、村（里）辦公室、老人服務中心、樂智據點、瑞智互助家庭等

服務內容	目標
・於一定區域內建立在地化服務輸送體系，整合與銜接B級與C級之資源 ・提供服務： （1）同時辦理日間照顧及居家服務的長照服務單位，除既有服務外，另擴充辦理營養餐飲、居家護理、居家／社區復健、喘息服務或輔具 服務等至少一項服務 （2）透過社區巡迴車與隨車照服員	每「鄉鎮市區」1處
・於固定區域內提供在地化照顧服務，目前已在社區提供相關長照服務之單位，除提供既有服務外，且須擴充功能提供如日間照顧、小規模多機能、團體家屋、社區復健或共餐服務等其中一項之社區式長照服務	每「國中學區」1處
・提供具近便性的照顧服務及喘息服務 ・往前端延伸，強化社區初級預防功能： （1）就近提供社會參與及社區活動之場域 （2）提供短時數照顧服務或喘息服務，如臨托服務 （3）營養餐飲服務，共餐或送餐） （4）預防失能或延緩失能惡化服務	每「3個村里」1處

→ 19.尋找長期照顧資源

可上「衛生福利部長期照顧資源專頁」：www.mohw.gov.tw/cp-189-208-1

提供不同長照模式的線上資訊，包含以下資訊：

1 居家及社區資源：各縣市長期照顧管理中心、長期照顧服務申請書、社區照顧關懷據點。

2 機構資源：老人長期照顧暨安養機構合格名單、一般護理之家評鑑合格名單、護理機構評鑑管理系統—民眾查詢專頁。

3 外籍看護工資源：外籍看護工申審流程圖、申請聘僱外國人從事家庭看護工作之專業評估被看護者醫療機構、外籍勞工在臺工作須知及法令權益宣導。

若是一般民眾想了解如何申請長照，或是想成立長照服務機構，長照政策面資訊可上「衛生福利部長照政策專區」：1966.gov.tw/LTC/mp-201查詢，也提供各縣市關於長照的最新消息。

若想知道所居地的社區照護有哪些B、C級單位，可上「衛生福利部社會及家庭署—社區照顧關懷據點服務入口網站」：ccare.sfaa.gov.tw查詢。

→ **20.各縣市長期照顧管理中心**

單位	地址	電話
基隆市	基隆市安樂區安樂路二段164號前棟1樓	02-2434-0234
臺北市	臺北市信義區市府路1號	02-2597-5202#5880
新北市	新北市板橋區中正路10號5樓	02-2968-3331#50~59
桃園市	桃園市桃園區縣府路55號1樓	03-332-1328
新竹市	新竹市東區竹蓮街6號3樓（向日葵大樓）	03-562-8850
新竹縣	新竹縣竹北市光明六路10號（新竹縣政府B棟4樓）	03-551-8101#5210~5222
苗栗縣	苗栗市府前路1號5樓（苗栗縣政府第2辦公大樓）	037-559-346
台中市	臺中市豐原區中興路136號	04-2515-2888
南投縣	南投市復興路6號1樓（南投縣衛生局）	049-220-9595
彰化縣	彰化市旭光路166號4樓	04-727-8503
雲林縣	雲林縣斗六市府文路22號1樓	05-535-2880
嘉義市	嘉義市德明路1號1樓	05-233-6889
嘉義縣	嘉義縣太保市祥和二路東段1號	05-362-0900#3216~3228
臺南市	臺南市安平區中華西路二段315號6樓	06-293-1232
高雄市	高雄市苓雅區凱旋二路132號	07-713-4000#1801~1805
屏東縣	屏東縣屏東市自由路272號	08-737-0002#156
宜蘭縣	宜蘭縣宜蘭市聖後街141號	03-935-9990
花蓮縣	花蓮縣花蓮市文苑路12號3樓	03-822-6889
台東縣	臺東市博愛路336號5樓	089-357-328
澎湖縣	澎湖縣馬公市中正路115號1樓	06-927-2162
金門縣	金門縣金湖鎮中正路1-1號4樓	082-334-228
連江縣	連江縣南竿鄉復興村216號	083-622-095#8828

→ 21.評估失能的指標1：IADL

工具性日常生活活動（instrumental activities of daily living, IADL）是與環境有互動的活動，需要依賴身體以外的物品完成，這些活動較為複雜，透過了解用來評估個案維持獨立自主能力，較一般個人自我照顧需求來得複雜，包括烹食、購物、打電話、管理財務。

評量表設計者當初設計分數時，考量的重點為評量項目的能力有否，而不在於能力的強弱，8項滿分8分。

項目	等級	
1 使用電話的能力	4	
	3	
	2	
	1	
2 上街購物	4	
	3	
	2	
	1	
3 烹調食物	4	
	3	
	2	
	1	
4 家務維持	5	
	4	
	3	
	2	
	1	
5 洗衣服	3	
	2	
	1	
6 外出活動	5	
	4	
	3	
	2	
	1	
7 服用藥物	3	
	2	
	1	
8 處理財務的能力	3	
	2	
	1	

計分	內容	得分
1	獨立使用電話,含查電話簿、撥號等	
1	僅可撥熟悉的電話號碼	
1	僅會接電話,不會撥電話	
0	完全不會使用電話	
1	獨立完成所有購物需求	
0	獨立購買日常生活用品	
0	每一次上街購物都需要有人陪	
0	完全不會上街購物	
1	能獨立計畫、烹煮和擺設一頓適當的飯菜	
0	如果準備好一切佐料,會做一頓適當的飯菜	
0	會將已做好的飯菜加熱	
0	需要別人把飯菜煮好、擺好	
1	能做較繁重的家事或需偶爾家事協助(如搬動沙發、擦地板、洗窗戶)	
1	能做較簡單的家事,如洗碗、鋪床、疊被	
1	能做家事,但不能達到可被接受的整潔程度	
1	所有的家事都需要別人協助	
0	完全不會做家事	
1	自己清洗所有衣物	
1	只清洗小件衣物	
0	完全依賴他人	
1	能夠自己開車、騎車	
1	能夠自己搭乘大眾運輸工具	
1	能夠自己搭乘計程車但不會搭乘大眾運輸工具	
0	當有人陪同可搭計程車或大眾運輸工具	
0	完全不能出門	
1	能自己負責在正確的時間用正確的藥物	
0	事先準備好服用的藥物份量,可自行服用	
0	不能自己服用藥物	
1	可獨立處理財務	
1	可處理日常的購買,但需要別人協助與銀行往來或大宗買賣	
0	不能處理錢財	

→ 22.評估失能的指標2：ADL

日常生活中，無使用任何物品或東西就可以操作的就是ADL（activities of daily living, ADL），巴氏量表（Barthel Index）是一種日常生活功能之評估量表，被廣泛的應用於復健、老年病患的領域，主要用來測量病患的治療效果及退化的情形。

巴氏量表總分為100分，包含10項評估內容，其中8項和自我照顧有關，包括進食、修飾／個人衛生、盥洗、穿脫衣服、如廁及大小便控制；另2項則與活動能力有關，包括移位／輪椅與床位間的移動、步行／行走於平地及上下樓梯。

項目	分數
1 進食	10
	5
	0
2 移位 （包含由床上平躺到坐起， 並可由床移位至輪椅）	15
	10
	5
	0
3 個人衛生（包含刷牙、洗臉、 洗手及梳頭髮和刮鬍子）	5
	0
4 如廁 （包含穿脫衣物、擦拭、沖水）	10
	5
	0
5 洗澡	5
	0
6 平地走動	15
	10
	5
	0
7 上下樓梯	10
	5
	0
8 穿脫衣褲鞋襪	10
	5
	0
9 大便控制	10
	5
	0
10 小便控制	10
	5
	0
總分	

內容
自己在合理的時間內（約10秒鐘吃一口），可用筷子取食眼前食物，若須使用進食輔具，會自行取用穿脫，不需協助
需要別人協助取用或切好食物或穿脫進食輔具
無法自行取食
可自行坐起，且由床移位至椅子或輪椅，不須協助，包括輪椅煞車及移開腳踏板，且沒有安全上的顧慮
在上述移位過程中，須些微協助（如：予以輕扶以保持平衡）或提醒，或有安全上的顧慮
可自行坐起但須別人協助才能移位至椅子
需別人協助才能坐起，或須兩人幫忙方可移位
可自行刷牙、洗臉、洗手及梳頭髮和刮鬍子
需別人協助才能完成上述盥洗項目
可自行上下馬桶，便後清潔，不會弄髒衣褲，且沒有安全上的顧慮。倘使用便盆，可自行取放並清洗乾淨
在上述如廁過程中須協助保持平衡．整理衣物或使用衛生紙
無法自行完成如廁過程
可自行完成盆浴或淋浴
需別人協助才能完成盆浴或淋浴
使用或不使用輔具（包括穿支架義肢或無輪子之助行器）皆可獨立行走50公尺以上
需要稍微扶持或口頭教導方向可行走50公尺以上
無法行走，但可獨立操作輪椅或電動輪椅（包含轉彎、進門及接近桌子、床沿）並可推行50公尺以上
需要別人幫忙
可自行上下樓梯（可抓扶手或用拐杖）
需要稍微扶持或口頭指導
無法上下樓梯
可自行穿脫衣褲鞋襪，必要時使用輔具
在別人幫忙下，可自行完成一半以上動作
需要別人完全幫忙
不會失禁，必要時會自行使用塞劑
偶而會失禁（每週不超過一次），使用塞劑時需要別人幫忙
失禁或需要灌腸
日夜皆不會尿失禁，必要時會自行使用並清理尿布尿套
偶而會失禁（每週不超過一次），使用尿布尿套時需要別人幫忙
失禁或需要導尿

Issue 2　社福補助

→ 23.認識「勞保年金」與「勞退」

「勞保」（勞保老年給付）是每個月依不同薪資等級，從個人薪資中自動扣繳，待退休後就能提領，其中20%的錢是從每月薪資中扣除，其他為政府和雇主負擔。「勞退」（勞工退休金）則是企業給付的退休金，每個月由雇主提撥至少6%存到勞退專戶裡，出錢的是雇主，因此不會有勞退破產領不到的疑慮。

勞保與勞退的差別

類別	勞保	勞退
資金來源	雇主負擔70% 政府負擔10% 勞工負擔20%	由雇主提撥勞工月薪的6%，勞工可視自身意願提撥月薪的0%～6%
資金保管	共同集中管理的基金	個人帳戶
是否有破產危機	入不敷出就可能會破產	無破產危機

→ 24.勞保新制請領

目前實行的勞保新制，只要年資滿15年，退休時可選擇一次領出或按月領。至於2012年才開始工作、而且是第一次加入勞保的人，若年資滿15年，採按月請領，不滿者則為一次請領。勞保年金給付「月領」的計算方式，以月投保薪資為最高60個月的平均值為準，年資15年以上，

可依以下Ａ、Ｂ兩式計算，選擇對自己最有利的方案請領。

A式：平均月投保薪資×投保年資×0.775％＋3,000元
B式：平均月投保薪資×投保年資×1.55％

舉例說明，若紀小姐60歲退休時，保險年資為35年又5個多月，平均月投保薪資為40,000元。請問退休後可月領多少錢？

A式：40,000元×（35＋6／12）×0.775％＋3000元＝14,005元
B式：40,000元×（35＋6／12）×1.55％＝22,010元

平均月投保薪資較高或年資較長者，選B式較為有利，從計算結果可知，紀小姐每月可領22,010元的勞保年金。

對於退休後一個月能領到多少勞保年金，也可上「勞保年金給付試算網頁」：www.bli.gov.tw/cal/oldpay.asp查詢，不過實際金額還是要以申請時勞工保險局核定為準。以下是關於勞保年金的一些提醒：

1 保險年資未滿1年者，依實際加保月數按比例計算，未滿30日者，以1個月計算。
2 被保險人符合老年年金請領年齡，且保險年資合計滿15年者，得請領老年年金給付。
3 展延年金：被保險人符合請領老年年金給付條件而延後請領者，於請領時應發給展延年金給付，每延後1年，依計算之給付金額增給4％，最多增給20％。
4 減給年金：被保險人保險年資合計滿15年，未符合老年年金給付請領年齡者，得提前5年請領老年年金給付，每提前1年，依計算之給付金額減4％。

勞保老年年金法定請領年齡與出生年對照表

出生年	1957年（含）以前	1958年	1959年	1960年	1961年	1962年	1963年（含）以後
請領年齡	60歲		61歲	62歲	63歲	64歲	65歲	65歲
請領年份	2009～2017年	2019年	2021年	2023年	2025年	2027年	2028年（含）以後

請領減給年齡

請領年齡	55～59歲	56～60歲	57～61歲	58～62歲	59～63歲	60～64歲	60～64歲
請領年份	2009～2016年	2014～2018年	2016～2020年	2018～2022年	2020～2024年	2022～2026年	2023年（含）以後，以65歲計算提前請領年度，最多提前5年

→ 25.失能或退休後死亡， 勞老年金的保障

若投保期間，不幸發生意外，導致終身無工作能力，是否無法領取年金？這個不用擔心，因勞保年金設有「失能年金」，若被保險人遭遇傷害或罹患疾病，經評估為終身無工作能力，可選擇失能年金或一次請領失能給付。若配偶與子女符合條件，還將加發眷屬補助，每1人加發25％，上限為50％，且失能年金最低保障為4,000元。若因發生職災，導致終身無法工作，將加發20個月職災失能一次金。

若選擇按月領年金，假設退休後沒幾個月就死亡，不就損失大筆年金？這個也不會，由於勞保年金有「保證領回」的設計，遺屬可以選擇一次領回沒領到的差額，或選擇「遺屬年金」按月領取，發放標準是依老年或失能年金金額×50％發給，若同一順序遺屬有2人以上，每多1人加發25％，上限為50％，最低保障為3,000元。

→ 26.國民年金

保險對象有三：一、年滿25歲到65歲，沒有參加軍、公教、勞保、農保，而且從沒有領取相關社會保險老年給付者。二、在2008年10月1日開辦前，除領有勞保老年給付外，沒有領取其

他社會保險老年給付者。三、開辦後15年內領取勞保老年給付，勞保年資未滿15年，未滿65歲，且沒有領取公教保養老給付、軍保退伍給付者。具以上資格者，政府都會強制納保。

國民年金的老年年金請領條件

老年年金給付：保險人年滿65歲或曾參加國民年金保險者。

老年基本保證年金：2008年10月1日開辦時已年滿65歲且現在領取敬老津貼者，持續按月發給。

年滿55歲未滿65歲原住民（維持排富條款），改依本法按月發給。

國民年金的老年年金給付標準

（1）老年年金給付：依下列兩公式計算後，擇優發給。

A=月投保金額(17,280元)×0.65%×投保年資+3,000元

B=月投保金額(17,280元)×1.3%×投保年資

發生下列情形者，不能選擇A式計算方式：

1.欠繳保險費期間不計算入保險年資。

2.發生保險事故前1年期間，有保險費未繳納情形。

3.領取相關社會福利津貼。

4.已領取相關社會保險老年給付。但開辦後15年內納保之退休勞工，若僅領取勞工保險15年以下老年給付者，不在此限。

（2）老年基本保證年金：3000元。

給付方式為向勞保局提出申請，委託他人辦理者，應填具委託書，相關問題請洽勞保局，網址：www.bli.gov.tw/default.aspx。

國民年金給付說明

類別	給付項目	身分資格	給付規則	備註
老年退休	老年年金	滿65歲	A、B式擇優領取	
	老年基本保證年金	1943年10月1日（含）前出生者	3,628元／月	
	原住民給付	年滿55歲的原住民	3,628元／月	只可領至年滿65歲的前1個月為止
身心障礙	身心障礙年金給付	繳費期間經診斷為重度以上身心障礙者	月投保金額×保險年資×1.3%	如每月給付金額不滿4,827元，則以4,827元計
	身心障礙基本保證年金	參加國民保險前，已領有重度以上身心障礙手冊或證明	4,827元／月	
家屬	遺屬年金	國民保險期間身故	月投保金額×保險年資×1.3%	·領取老年基本保證年金者不得領取 ·計算金額不足3,628元，以3,628元計 ·同順位的遺屬2人以上時每多1人加發25%，最多計至50%
		領取身心障礙或老年年金期間身故	原領取金額×50%	
		年滿65歲但未及請領老年年金前身故	月投保金額×保險年資×1.3%×50%	
生育	生育給付	女性在國民保險期間生產	月投保金額×2	
身故	喪葬給付	65歲前且於國民保險期間身故	月投保金額×5	

→ 27.老年農民福利津貼

補助對象為年滿65歲，已參加農民健康保險的被保險人。參加農民健康保險年資合計滿6個月。老農津貼每人每月新台幣6,000元。

申請方式及應備文件
洽詢戶籍所在地之基層農會提出申請，並備妥「申請書」和「身份證正反面影印本」，如委託他人辦理須填具委託書。

→ 28.重陽節敬老禮金

為弘揚敬老美德，並表彰老人對社會之貢獻，重陽節依據各縣市政府規定發放重陽禮金。發放對象為65歲以上的民眾以及長者。依據不同年齡發放的獎金不同，請參考各縣市政府社會局所公告之金額。

領取方式為攜帶新式國民身分證及印章（未攜帶可簽名），若為代領人領取，需攜帶雙方新式國民身分證及印章（未攜帶可簽名），前往居住縣市的社會局領取。

以台北市為例，重陽節禮金發放説明
一、於當年12月31日年滿99歲以上老人或年滿89歲以上原住民，且至重陽節當日已持續設籍本市3個月以上者，每人新台幣1萬元。
二、於當年12月31日年滿65歲（原住民55歲）以上，且於重陽節當月為本市低收入戶、中低收入戶或領有中低收入老人生活津貼長者，每人新台幣1,500元。

→ 29.中低收入老人生活津貼

補助對象為設籍於該縣市符合下列各項規定者：

（1）年滿65歲以上，並實際居住戶籍所在地之老人，且最近一年居住國內超過183日。

（2）未經政府公費收容安置者，未領有老年農民福利津貼，身心障礙生活補助費者。

（3）家庭總收入按全家人口平均分配，每人每月未超過內政部或直轄市主管機關當年公布最低生活費標準2.5倍，且未超過台灣地區平均每人每月消費支出一點五倍者。

（4）全家人口存款本金及有價證券按面額計算之合計金額未超過新台幣250萬元，每增加一人得增加25萬元。

（5）全家人口所有之土地或房屋未逾越合理居住空間，由地方政府認定。土地價值以公告土地現值計算，房屋價值以評定標準價格為依據。但下列土地，經直轄市、縣（市）主管機關認定者，不列入計算：
一、未產生經濟效益之原住民保留地。
二、未產生經濟效益之公共設施保留地及具公用地役關係之既成道路。

（6）未入獄服刑、因案羈押或依法拘禁者。

發給標準

（1）未達最低生活費用1.5者，且未超過台灣地區平均每人每月消費支出1.5倍者，每月發給新台幣6,000元。

（2）達最低生活費用1.5倍以上未達2.5倍者，且未超過台灣地區平均每人每月消費支出1.5倍者，每月發給新台幣3,000元。

（3）同時符合領取本津貼、老年農民福利津貼、敬老福利生活津貼、身心障礙者生活補助費之資格者，僅得擇一領取。

申請方式與應備文件

符合補助對象者，向戶籍所在地鄉鎮市區公所提出申請，並備妥以下文件：

（1）申請表

（2）全戶戶籍謄本

（3）郵局或銀行存摺影印本

（4）其他證明文件，如身心障礙手冊、診斷証明書、薪資証明、房屋所有權狀等影印本。

→ 30. 尋找長期照顧資源

申請資格分受照顧老人和照顧者二種，說明如下：

（1）受照顧老人資格

· 設籍該縣市年滿65歲，且實際居住之居家失能老人。

· 領有中低收入老人生活津貼。

· 未接受機構收容安置、居家服務、未僱用看護（傭）、未領有政府提供之日間照顧服務補助或其他照顧服務補助。

· 失能程度經直轄市、縣（市）主管機關指定或委託之評估單位（人員）

· 做日常生活活動功能量表（巴式量表）評估為重度以上，且實際由家人照顧。

（2）照顧者資格

· 16歲以上，未滿65歲，未從事全時工作，且實際負責照顧受照顧者。

屬下列情形之一者：

a. 同為領取中低收入老人生活津貼應計算家庭總收入家人口之成員。

b.出嫁之女兒或子為他人贅夫者及其配偶。

c.受照顧者二親等以內之直系血親卑親屬。

- 與受照顧者設籍及實際居住於同一直轄市、縣（市）。

- 同一受照顧者受數人照顧時，以照顧者一人請領本津貼為限。同一照顧者照顧數人時，亦同。

補助原則及申請方式

每月補助照顧新台幣5,000元。符合服務對象者，需至戶籍所在地鄉鎮市區公所領取申請表格及日常生活活動功能量表。再攜帶日常生活活動功能量表至各縣市指定醫療機構安排鑑定。最後將鑑定後的日常生活活動功能表併同應備文件，向戶籍所在地之鄉鎮市區公所提出申請。相關問題可洽詢各縣市社會局（處）老人福利科（課）。

應備文件如下：

- 照顧者及受照顧者之國民身分證正、背面影本。

- 低收入戶或中低收入戶證明。

- 開具失能程度經日常生活功能量表評估為重度以上證明。

- 其他必要之相關文件。

- 郵局或銀行存摺封面影本。

→ **31.搭乘大眾交通工具優惠**

優待對象為年滿65歲老人及領有身心障礙手冊者。優待方式根據各縣市的老人免費乘車或優待方式略有不同。

優惠內容
依法65歲以上老人搭乘國內公民營公共交通工具享有半價優待；身心障礙者及其必要 伴一人搭乘國內公、民營公共交通工具，得享有半價優待。

申請方式
持身分證正、反面影本、一吋照片三張至戶籍所在地鄉鎮市區公所申辦優待卡。相關問題請洽各縣市社會局（處）老人福利科（課）、身心障礙科（課）。

→ **32.中低收入老人居家修繕補助**

補助對象為設籍於該縣市年滿65歲以上的低收入戶及中低收長者，三年內未接受本項補助者。改善內容為臥房、廚房、衛浴等設施設備、無障礙環境及住宅安全輔助器具。

補助標準及應備文件

按每戶改善內容核實核定，每戶最高以補助新台幣10萬元為限，各縣市政府補助上限不一，有3萬、5萬不等，亦可能比照長照十年計畫的補助。申請可洽各縣市社會局（處）老人福利科（課）、各縣市鄉鎮市區公所，備妥以下文件資料：

・房屋所有權狀影本（或租賃契約書）。
・設施設備改善之廠商估價單（至少3家廠商）。
・房屋修繕前照片3張（需修繕部分）。
・低收入戶、中低收入戶證明。

→ **33.商業型以房養老**

「以房養老」是指銀行沒有固定收入的銀髮族，用自己名下的房子向銀行借錢，期間每個月可以領取固定收入，至借款往生為到期日，屆期償還本息，正式的名稱為「不動產逆向抵押貸款」（Reverse Mortgage）。這個制度在美國、英國、澳洲、法國與加拿大等國皆有實施，鄰近的地區如日本、香港與中國大陸也都在發展中。

誰適合辦理以房養老

一為「缺錢養老」的人，類似「窮人救急的工具」，用自己的房子換取現金支用。換個方向思考，想過有品質的退休生活的人，可以透過這個方式擁有一筆現金來豐富老年生活，過得寬裕同時也有一筆錢作為醫療照護準備。不過建議房子要與兒女自住的人不能辦，以免屆時未能還清貸款房子遭拍賣。

若從「世代資產交換的概念」來談，以往三代同堂家庭，年輕一代不用背房貸，薪水可奉養父母；不過現今大多是成立小家庭獨立生活，需要另揹房貸，加上初入社會薪資不高，若要還要再奉養父母，負擔沉重，而父母向兒女拿生活費也很沒尊嚴，若父母本身有房，用自己房子養自己，等到往生後兒女再決定是否償還父母的貸款，或把房屋交給銀行拍賣。

房屋是抵押給銀行，而非賣出

以房養老是將房子抵押給銀行，不是賣給銀行，所有權和使用權還是借款人的，屆期時，只要所有人或是繼承人清償貸款，房子還是所有人或繼承人的。銀行扮演的純粹是貸款者的角色，收取每個月利息和開辦時的服務費或聯徵查詢費等，而非收購房地產。

假設父母在貸款期間辭世，繼承人若願意償還已領的錢，房子就歸繼承人所有；如果繼承人還不起，銀行將房子拍賣後，扣除已領的錢，剩下錢還是繼承人所有，也就是說，假設房子拍賣價格為700萬元，扣除已領的100萬元，剩下600萬元還是繼承人所有。

若是繼承人想保有房屋，但無力馬上償還，銀行可評估繼承人還款能力，仍可以借新還舊、按月攤還的方式來償還。

申辦注意事項

辦理以房養老和其它放貸款手續大同小異，但條件較為寬鬆，不需要有固定收入，不同之處是多了「律師諮詢函」，這份文件是為了避免借款人日後或是過世後，親友質疑當初貸款時的行為能力，覺得長輩被騙而產生糾紛，因此銀行會希望借款人在辦理前，先跟繼承人溝通外，也能在律師公證下簽訂合約。

此外，借款人還須留下1名義務通知人的資料，當借款人往生時負責通知銀行。不過，義務通知人不是保證人，無子女或是子女長期在國外者，可以由好友或是鄰里長擔任義務通知人。

以房養老貸款屋主及貸放金融機構的權利與義務分析

項目	屋主（申貸人）	貸放金融機構
房屋所有權	終生居住權	抵押權，無房屋所有權
房屋保養	意願較低	要求基本標準
年金收入	為終生收入，隨物價指數調升，無風險	屋主壽命愈長，貸款餘額超過房價現值的風險相對提高
利率風險	不需承擔利率風險	需承擔利率及通貨膨脹風險，需避險工具
房價風險	不需承擔房價風險	承擔房價風險，需避險工具
生活及醫療照顧	需要逐年增加	非本業專長

Issue 3　支援服務

→ 34.輔具及居家環境改善

長期照顧十年計畫補助對象中，經照顧管理專員評定失能者有輔具或居家無障礙環境改善需求者。服務內容如下：

- 日常生活照顧（沐浴、排泄、飲食等）及機能訓練之輔具，以輔具補助的方式提供。

- 未與身體直接接觸之器材類（如輪椅、特殊臥床等），採輔具租借之方式提供。

- 居家環境改善，以支付住宅修繕為主（加裝扶手、消除高低差、防滑、改門為拉門、改西式便器、順利移動等所需床舖及地板材料之更換等），可請參考內政部「失能老人接受長期照顧服務補助辦法」附表二：補助項目表。

補助標準及申請方式

自核定補助起十年內以新台幣10萬元為限。但經直轄市、縣市主管機關評估有特殊需要者，得專案增加補助額度。依家庭經濟狀況補助，低收入戶由政府全額補助，中低收入戶由政府補助90%，自付10%，一般戶由政府補助70%，自付30%。可致電或親自至各縣市長期照顧管理中心（見第53頁）申請。

→ **35.居家復健服務**

長期照顧10年計畫補助對象中，經照顧管理專員評定有復健需求，針對無法透過交通接送服務取得現有健保服務資源者，提供居家復健服務。服務項目包含：

‧提供物理治療、職能治療。
‧日常生活功能、社交功能評估與訓練。

補助標準及申請方式

每次訪視費用以新台幣1,000元計，物理治療服務及職能治療服務之補助，每人最多每星期一次，一年各以6次為原則。低收入戶由政府全額補助，中低收入戶由政府補助90%，自付10%，一般戶由政府補助70%，自付30%。以電話或親自至各縣市長期照顧管理中心（見第53頁）提出申請。

→ 36.居家護理

針對有長期護理性的健康指導與技術需求者，由專業居家護理師到宅提供個人及家庭的健康照顧。以電話或親自至各縣市長期照顧管理中心（見第53頁），或就近向居家護理單位提出申請。服務對象主要為：

（1）只能維持有限之自我照顧能力，及清醒時間超過50% 以上，活動限制在床上或椅子上之病患。

（2）有明確之醫療與護理服務項目需要服務者，且病情穩定能在家中進行醫護措施者。

服務項目

（1）身體健康評估、注射、更換或拔除鼻胃管、氣切管、留置導尿及尿袋、膀胱灌洗、一般傷口護理、大小量灌腸、代採檢體送檢等。

（2）有關病人護理指導及服務事宜。

補助標準

（1）依健保給付標準，申請者須另行負擔護理師到宅之交通費用。

（2）長照十年計畫針對健保給付外或健保不給付，經照顧管理專員評估確有需求者，每個月可提供二次，補助居家護理師訪視費用，每次以1300元計。

（3）長照十年計畫的補助，依家庭經濟狀況提供不同補助標準：低收入戶由政府全額補助，中低收入戶由政府補助90%，自付10%，一般戶由政府補助70%，自付30%。

→ 37.臨時或短期服務

依據家庭照顧者的需求，由經訓練的喘息服務員到宅協助家庭照顧者照顧身心障礙者，當家庭照顧者有事必須離開時，能有協助支援家庭照顧的角色。

服務對象

（1）設籍且實際居住者，未接受機構收容安置、未請看護（傭）、未接受其他照顧服務，且領有身心障礙手冊者。

（2）經評估，因身心功能確有受損致日常生活功能需他人協助者。

補助標準及申請方式

可向各縣市長期照顧管理中心（見第53頁）、社會局身心障礙科（課）、鄉鎮市區公所提出申請。應準備：一、國民身分證正、反面影本。二、身心障礙者手冊正、反面影本。三、低收入戶或中低收入證明。四、其他相關文件。補助標準如下：

（1）各縣市依失能程度或服務方式訂定不同補助標準。

（2）列冊低收入戶全額補助；非低收入戶補助70%。

→ **38.居家喘息服務**

依據家庭照顧者需要，由受過訓練的照顧服務員到府協助家庭照顧者照顧失能者。服務對象為主要照顧者或被照顧者，設籍該縣市並實際居住者。由家人連續照顧1個月以上者。

補助標準及申請方式

可以電話或親自至各縣市長期照顧管理中心提出申請。補助標準如下：

（1）輕度及中度失能者：每年最高補助14天。

（2）重度失能者：每年最高補助21天。

（3）補助受照顧者每日照顧費以新台幣 1,000元計，可配合使用機構及居家喘息服務。

（4）依家庭經濟狀況提供不同補助標準：低收入戶由政府全額補助，中低收入戶由政府補助90%，自付10%，一般戶由政府補助70%，自付30%。

應備文件

（1）申請書

（2）身分及戶籍證明文件。

（3）低收入戶或中低收入證明（一般戶者免附）。

（4）其他相關文件。

→ 39. 預防走失手鍊

為了能讓年長家人在走失時以最快的速度查知身分、安全返家，並減輕家屬的心理負擔，衛生福利部規劃發放「預防走失─愛的手鍊」，利用號碼登記，即可輸入家人居住地址，幫助他們回家。

年滿65歲並為智能障礙、精神障礙、自閉症、失智症障別並領有身心障礙手冊證明。請家屬協同需要申請的使用者，親自至各縣市政府社會局進行辦理，部分縣市也可進行線上申辦並郵寄到府。

實施內容及使用方法

具特殊編號之手鍊，走失時，警察或是好心民眾可藉由該編號向各縣市政府社會局查詢家屬之連絡方式。 部分縣市僅全額補助中低收入戶或低收入戶，一般戶需自費申請。

手環上有兩組號碼，一組是該手環ID號碼，代表在資料庫建立的資料代碼。另一組是走失服務中心免付費電話，只需要撥打電話並告知手環ID號碼，即可查詢到他的地址以及聯絡人資料，即可幫助他們回家。

相關諮詢單位

· 承辦諮詢單位：請上各縣市政府社會局（處）網站查詢。
· 失蹤老人協尋中心，電話02-2597-1700

→ 40.緊急救援通報系統

為照顧獨居老人的社會服務，在發生意外或是需要協助時，提供緊急聯絡電話供年長者使用呼救。年滿65歲以上領有中低收入老人生活津貼之獨居長者，經巴氏量表（日常生活活動功能量表，ADL）評估為90分以下者或有猝發性疾病之高危險群及慢性病等須保護性看視。諮詢及辦理可上各縣市政府社會局（處）網站查詢。

申裝費用及實施內容

一般戶自費申裝，中低收入者由公費申裝。實施內容列點如下：

・意外事件及緊急醫療事件通報。

・救護車緊急救護通報。

・緊急事件聯絡人之通知。

・不活動狀態自主監控。

・護理師定期居家訪視及身體健康評量。

・健康問題及居家服務之諮詢與轉介。

・社會福利問題諮詢與轉介。

・生活輔助器具之租借諮詢與轉介服務。

・火災之通報及其他。

・代為安排看診交通工具。

→ **41.中、重度失能老人交通接送服務**

體恤失能老人出門不便之情形,各縣市政府社會局提供每月交通接送服務,減輕家人照顧擔憂。提供65歲以上老人,以及50～64歲身心障礙者經各縣市長期照顧管理中心評估之中、重度失能者(3項以上ADL失能)。相關實施內容如下:

‧低收入戶及中低收入戶1～1.5倍者,每趟補助190元。
‧中低收入戶1.5～2.5倍者,每趟補助171元。
‧一般戶,每趟補助133元。
‧每月最高補助8趟。

 → **42.喪葬補助**

衛生福利部與各地方縣市政府社會局合作,協助低收入戶死亡者完成殮葬程序之費用補助,各地方縣市政府所補助的金額不同,建議您可撥打電話前去您所在的縣市社會局詢問。

適用對象為領有低收入戶證明文件之民眾,可上各縣市政府社會局(處)網站查詢,實質補助金額給民眾,各縣市地方政府補助金額不同,可撥打電話前去詢問。

Issue 4 老人財產信託

→ 43.財產信託面面觀

信託制度在國外已行之有年，在台灣也日漸普及，信託法、信託業法陸續公佈實施後，近年來信託業務在相關業者及政府機關的努力下，有了多元的發展，當自己逐漸老化想將手邊財產要進行信託時，該如何著手進行？以下分實踐的每階段一一說明。

> **流程説明**
>
> STEP1考慮是否做財產信託→STEP2蒐集資訊→STEP3選擇信託商品種類→STEP4選擇受託人→STEP5洽談契約→STEP6簽訂契約→STEP7交付財產

何時及為何需要將財產交付信託

追求財富是多數人一生努力的目標，經歷過工作、養育子女、從職場退休累積了退休的老本，在退休後，對自己的老本該如何規劃運用，才能讓自己無憂無慮地安養晚年？以往多選擇把錢存在銀行或買房子或買保險，現在則多了信託這種財產管理方式。

有人會問，自己的錢當然自己管，為什麼要交給別人處理，有些人甚至不願親人知道自己有多少財產，怎麼還可能將財產交由他人管理。此外，自己管理財產與信託給銀行、律師、會計師有何不同？以下分項說明：

一、信託財產具安全性

信託法第十二條規定，信託財產不得強制執行。原則上

信託財產將不會受到辦理信託之後才產生的債務波及，可防止如事業上的風險、為他人作保帶來的風險，可透過財產信託築起防火牆，使財產更安全有保障。

二、可做節稅規劃

透過適當的信託規劃，可降低委託人所得稅、贈與稅及將來可能之遺產稅。

三、隱匿財產，避免不肖之徒覬覦

年長者受詐騙金錢時有所聞，如今詐騙集團橫行，就連名人和高級知識分子都不能倖免，想將僅有的老本看緊，並減低被騙或被借的風險，將財產交付信託，除可隱藏財產，也可避免一時不察，遭不肖之徒迷惑而有財產上的損失。

四、提早分配財產，完成財富傳承

常聽到兒孫在長輩身故後爭奪財產，甚而造成家族感情破裂，透過信託規劃可依照委託人意願將財產分配給指定受益人，避免子孫不必要的紛爭，若後代年紀尚小或對財產不善管理，亦可透過信託替其管理財產，完成財富的傳承，避免富不過三代，一個妥善的信託計畫可代替遺囑的執行，完成委託人的遺志。

五、藉由受託人之專業能力來管理財產

當個人沒有足夠時間、精神、體力、能力，甚至不想耗費精神在財產管理上，透過信託機制可交由專業機構代為管理。例如年老時可能對五花八門的投資商品知識不足，不知如何選擇，或是體力不堪負荷，也可能不想浪費時間、精神在這些瑣事上，此時便可將財產交付信託。

→ 44.老人財產信託的種類

可就自身財產多寡、財產的種類及需求來選擇合適之信託商品，單就金錢信託而言還可因需求的不同，選擇不同的信託架構。也可依信託期間是否需要用錢，多久需支付乙次、交付的方式、依不同組合成不同運作模式的信託，舉例來說：信託期間每年返還信託資產孳息給委託人，信託到期信託資產本金贈與他人這樣的方式。以下說明老人財產信託的種類：

（一）**金錢信託**：直接把錢拿去信託，常用的金錢信託有以下幾種。

‧教養信託：可將交付的財產依約定持續支付子女的生活教育費。

‧贈與信託：可把財產逐年移轉給子女，來減少贈與稅。

‧保險信託：當委託人發生事故身亡後，可把保險金依照契約管理使用，以照顧親人的生活。

‧遺囑信託：委託人過世後，按照契約把全部或部份的遺產交付信託管理，達到照顧親人未來的生活的功能。

（二）**不動產信託**：把房子或土地拿去信託，讓銀行管理或開發。

靈活運用財產信託

就銀髮族財產信託而言，建議信託期間每月返還

固定金額給委託人，信託到期剩餘信託資產返還委託人或贈與他人，每月返還委託人金額將作為養老生活費用，故金額大小視委託人生活實際需求彈性訂定，到期剩餘信託資產如贈與他人，可利用信託成立當年度委託人100萬元免稅贈與額度，套用國稅局贈與稅計算方式，調整期間委託人自益領回金額，達到完全免除贈與稅效果，於信託期間照顧自己晚年生活，信託期滿財產移轉子女而無須擔心遺產稅，一舉兩得。

信託期間長短，建議委託人可視養老期間長短而定，盡量讓信託計劃照顧到自己至身故時。此外，信託期間可約定除了每月固定金額返還之外，遇到臨時性資金需求，如旅遊、醫療等，經委託人提出申請，可由信託資產撥付。

取得財產信託的資訊管道	
至各家銀行分行向理財顧問詢問	信託已成為財產規劃的重要方式，目前各家銀行在分行幾乎都有設置理財顧問，可就近詢問，一般而言理財顧問皆可提供初步建議，或聯繫信託部門提供所需的資訊。
致電銀行信託部門詢問從網路取得	多數銀行皆有量身訂做之信託規劃業務，可滿足客戶不同信託目的需求，另外有些會計師或律師也是可詢問之對象。
從網路取得	例如信託業公會網站，或各大銀行網站，皆有信託商品之簡介。

→ 45.老人財產信託委託人及簽約重點

受託人可選擇個人（律師、會計師或親友）或信託業者（如銀行）。

一、若選擇個人為受託人，則要注意不能挑選未成年人、禁治產人與破產人來擔任受託人。惟因個人可能因為壽命或其他原因導致信託被迫終止，將無法達到持續照顧的目的。

（一）可選擇受益人的親屬、朋友擔任受託人來管理財產，優點是可以信任且免付管理費用；但缺點是不易監督且容易造成財產不當使用。

（二）可找律師或會計師擔任受託人，為避免受託人因故無法繼續管理財產，可預先明訂選擇繼任人選的方法。

二、選信託業者為受託人，目前信託業者皆為銀行兼營之信託業，選擇時需要考慮並比較以下幾點：

（一）銀行提供的信託商品，和自己想要的內容是否相符。

（二）收費標準，一般銀行收費有三個項目，說明如下，幣值以新台幣為單位：

· 簽約手續費：一次2,000元～3,000元左右。

· 修正或解約：一次1,000元～2,000元左右。

· 信託管理費：每年收取信託財產價值的千分之三到千分之五。

· 以上三種費用僅供參考，且會依信託財產的多寡而有所變動，可以在簽約時與銀行討論收費標準。

（三）收費方式及時間、財產價值計算方法。

（四）信用評價，選擇規模較大、服務有保障的銀行。

（五）服務的可近性，選擇離自己住家比較近的銀行。

（六）具承辦信託案件經驗及專業規劃能力的銀行。

洽談契約前的思考

選定受託人後需與受託人充分溝通，擬定一份可滿足自己信託目的之契約。以下是二項要思考的重點：

一、決定由誰擔任委託人及受益人

（一）由自己自己當委託人及受益人，如此不需要被課贈與稅。

（二）由自己當委託人，受益人為親屬，則會被課稅。

（三）由自己將財產以100萬為上限逐年移轉給親屬，之後由親屬擔任委託人及受益人，亦可免除課贈與稅。

（四）保險信託若為死亡保險金，則是由保險受益人擔任委託人與受益人，因此不會被課贈與稅。

二、信託監察人的設立

（一）監察人主要的功能，為監督受託人是否確實按照契約照顧受益人。

（二）監察人可由委託人指定並於契約中註明。若無指定，則由檢察官或親屬向法院提出聲請選任信託監察人。

（三）監察人可被給予信託契約中未規定支出費用的同意權，若確實需要支出，受託人要取得監察人的同意。

（四）監察人可被給予是否終止信託的同意權，以免信託被其他親屬任意終止。

Chapter 4

第二人生開心過：
熟齡生活的型態

對人生的每個階段，每個人各有不同的嚮往與憧憬，在平均壽命延長、人生上看100歲的現今，假設60歲退休，還有20～30年的黃金歲月，此時身心成熟，若有家庭，經濟負擔也漸交棒給下一代，是值得好好經營的一個階段。由於少子化導致未來勞動力不足的問題，重新思考規劃職場生涯，退而不休，或是漸進式的退休，保持與社會連結，是未來熟齡生涯規劃的趨勢。

回歸到家庭生活，你想要和誰一起過呢？除了身體機能健康的保養，熟齡的心理層面的問題常被忽視，這反而是讓人生下半場過得更加精采的關鍵之一。以下歸納出幾種熟齡生活型態，趁著還年輕，時不時思考一下這個問題，也和想一起過的人討論可以實現的方案吧。

Issue 1　你想怎麼過日子

→ 46.想像中的「未來的自己」

台灣邁入高齡化社會，熟齡族消費、長照議題等成為新顯學，而目前的準熟齡族群（60歲以上），是跟隨台灣經濟起飛累積財富的一代，反觀5、6、7年級生，即將或已經邁入40歲，在如今相對嚴峻的大環境下，面對「下流老人」、「月薪5萬也可能又老又窮」……這些近乎恐嚇的論點，對於正處於成家立業階段、40～50歲這個人生交叉點上的青壯族，看著自己的父母老去的過程，面對自己的現況，該如何著手規劃未來的熟齡生活？

現代人「老得慢」，也自覺「我還年輕」，在人生越來越長的這個趨勢下，熟齡階段身心成熟、財務穩定，將成為最令人期待的人生階段，更是自我努力追求下積存的美好時光。

未來，想過什麼樣的生活呢？是想要和伴侶兩人一起終老，或是一個人住也精采、保有獨立自我，甚至是新三代同堂的模式、非親屬關係的共居型態，抑或是更加開放和不同世代、沒有親緣關係的人共同生活，彼此互惠付出……只要不自我設限，逐步規劃落實，都能活出比年少時更精采的生活。

→ 47.持續結交新朋友

拓展新人際關係的第一步就是試著走出去,從許多活動及場域觀察經驗可以發現,社區活動的參與者絕大多數都是女性,這可能跟男性長輩過去在職場上的位階包袱有關。若不擅長於跨出第一步,不妨先為自己找尋出門的藉口,也許是學習過去的興趣或夢想,或是分享所學經驗做志工,一點一滴慢慢開拓生活圈。另外,蘇重威也談到,社區的帶領將扮演著關鍵角色,未來的建設公司除了提供硬體,也需要提供社區內互助合作的機會與平台,服務型社區將是未來趨勢。

→ 48.寵物陪伴的人生似乎也不錯

不論是孩子離開身邊後頓覺空虛,還是獨居已久想找個伴,許多人會選擇在這個時期讓寵物進入生命中,透過照顧寵物的過程為生命重新找到重心,而寵物就是家人,也需要在家中為牠安排空間,除了休息的區域外,若是貓咪則需要為其規劃跳台、走道等活動空間與生活動線,狗狗的話則可以考慮為其規劃專屬的洗澡平台,家中不易有異味,清洗起來也更輕鬆。

Issue 2　單身萬歲

→ 49.一個人住同時維繫外部社交圈

單身的優點就是能支配自己的時間與生活空間，相對的也要懂得享受「一個人」。這世代選擇單身過日子的人，設想的情境是「活躍的老化」，既保有隱私及個人的空間，且與不同的社交網絡交流密切，能獨立自主，又能享受或熱鬧、或孤獨的生活情境，找到生活的重心或支持自己的信仰、志趣，家的空間不一定要大，卻是過愉快生活的小天地。理想的規劃是，預留另一個人進入生活的餘裕，當需要他人協助照護時，能夠從容轉換接納。

獨居的思考

1 在充滿個人喜好的人事物中舒心過生活

2 保持與社會的連結，經營不同世代的社交關係

3 思考身體機能衰退時，需要他人支援照護時的生活方式

→ 50. 不定時安排餐聚活動

有同伴一起吃飯，似乎普通的飯菜也會變得更加美味，即便是獨居的退休人士，也可以在家中安排一張可容納多人的大餐桌，方便朋友、家人隨時登門吃飯聊聊，或是在週末邀請朋友共進正式的午餐或晚餐聚會，減少自己單獨吃飯的機會。

→ 51. 回饋社會滿足精神層面

在這個人生階段，不論是金錢還是生命經驗，都到了收成的階段，因此，行有餘力不妨選擇投入公益活動來回饋社會，同時也是提升自我價值感與成就感的方式之一，若不知道怎麼開始，現在網路上有許多資訊及捐助管道，可以先從小額資助或參與志工開始，慢慢開始參與相關公益活動，也是拓展生活圈的一種方法。

→ **52.若是老伴離開，
一個人也要過得好**

痛失所愛令人悲痛，但日子還是要過下去，不論
是情感層面還是空間適用性的因素，首先需要面
臨的便是要不要搬家的選擇，獨居的空間規劃需
要更專注在便利及安全性考量，畢竟一個人生活
不會有其他人會來提醒或是分攤生活細節，所
以更應該以生活的功能核心來做規劃考量，以臥
室、衛浴、廚房等空間為核心，依照自己的生活
習慣做最適當的位置安排，此外，像是危險的預
防或是即時通報、日常吃藥提醒等，都是獨居需
要考量到的實際生活情境。

→ **53.一個人住的多機能幸福宅**

從國外回台居住，兒子媳婦送給媽媽的生日大
禮，是一間麻雀雖小五臟俱全的熟齡宅，因為是
捷運共構宅，交通機能便利，樓下有管理員又鄰
近小廣場商圈，購物也不成問題。室內空間則以
一人生活便利，親友來訪也沒問題的前提設計，
開放式和室可小睡午休，養足精神再約牌友來打
牌。圓弧造型塑造安全動線同時也減少銳角帶來

集合了電視櫃、吧檯、櫥
櫃、流理台的ㄇ字型廚房，
利於和來訪親友互動，也能
看見公共區域的全局。

拆掉一個小房間之後，公共空間採光充足，有助熟齡長輩心情愉悅，改成開放室多功能和室，比封閉房間更好用。

空間設計

福研設計
www.happystudio.com.tw

的緊張感。弧型半高電視牆結合吧檯、流理台設計，一個人用的廚房每件東西都觸手可及。另一個弧型則大型收納櫃，靠近玄關處擺裝飾品，靠近房間的地方就成為延伸的衣櫃，多機能分區收納，讓日常生活不用花太多時間在整理與家事上。

弧型櫃體讓空間線條柔軟，既有造型也充分利用空間收納。

Issue 3　伴侶共老

→ 54.伴侶共老

在完成「子女教育、經營家庭的使命」之後，夫妻／伴侶之間已經沒有過去那些為經營家庭的共同目標，接下來迎接兩人的「未來」會是另一個數十年歲月的兩人生活，而是生活在平均壽命更長的高齡社會下，不得不接受的現實。

假如是互敬互愛的熟齡夫妻，要迎接「第二新婚時代」應該不會有什麼問題。但若夫妻／伴侶之間是在彷彿互相牽制的關係下展開第二人生舞台的話，想必生活中自然瀰漫了黯淡的氣息。儘管如此，人還是不應該逃避自己對另一半的想法。不妨試著讓自己的情緒更加真誠坦率，好好表達是喜歡、是討厭，接下來還想要在一起，或想要怎麼辦。想在一起的話，要在哪裡生活、有什麼興趣或想做的事可以一起去做、對於未來居家樣貌的想像，找到合適的時機，一點一滴地討論、計畫，讓期待中的幸福生活逐步實現。

伴侶共老的思考

1 真誠坦率的向另一半表達自己心裡的想法
2 希望未來和另一半維持什麼樣的關係，並和對方溝通、討論
3 找到生活中共同的交集點，也留給彼此屬於自己的時間與空間

→ 55.和老伴一起培養興趣愛好

50歲後擁有更多時間和餘裕去做過去做不到或沒辦法做的事情，也可以培養更多新的興趣，所以記得務必要在家中規劃休閒的空間，像是畫室、茶堂、烘焙空間……等，就算只是窗邊的一張書桌也可以，任何興趣都需要有能夠施展的舞台才有辦法持續。此外，夫妻之間興趣不一定相同，規劃各自的興趣空間或角落，相互欣賞而不干擾，更可以促進夫妻情感。

→ **56.職場退休後回到成家起點過日子**

【夫妻回到起家厝，落葉歸根閒適慢活】

為工作忙碌大半輩子的人生，是大部分人的生活寫照。年輕的時候為了家庭和理想奮鬥努力，而退休後想擁有的是一種閒適漫活的生活步調，就像歸根的落葉一樣，回歸最初兩人組成家庭的起點，享受積存時間的快意人生。

開放式餐廚空間，以中島連結一字型廚具和餐桌，烹飪備料時都能輕鬆自然與家人朋友互動，走道也都加寬尺度。

屋主速寫

呂先生夫婦，70多歲事業有成從職場退休後，決定重新改裝三十多年前買下的起家厝，回到熟悉又有強烈情感連結的環境，既有回憶中的美好，同時透過設計讓空間具備生活所需的便利及美感。

打拚了一輩子，決定放下事業轉換生活重心，秉持著人生70才開始，往後還要住上10幾20年的家，希望藉由這次重新規劃讓機能到，在這個對自己充滿意義的起家厝終老。在與設計師討論如何規劃的過程裡，使整體空間符合退休後的生活需求，即使屋內配置經過改修調整，回憶中的雋永意象仍隱含在設計細節中而能時時回味。

電視牆結合橫拉門將公私領域區隔開來又藏於無形。寬敞的動線
路徑讓空間顯得寬敞大器，同時也符合無障礙的需求。

潛心向佛的呂先生，希望能打造一個佛堂，並預留子女孫兒
來訪留宿的空間，而住家也能滿足好客的兩人招待親友的
需求。屋內空間雖然重新打造過，但彌勒佛卻擺放在和從前
一樣的位置，只是陳列方式有些微調整。屋主一進門就看到
熟悉的物件擺在相同的位置，家的意象也更為完整。由於
他和妻子都是左撇子，設計師也細心將門把位置和形式做了
調整。餐廳、廚房、客廳形成開放式空間，動線規劃直覺流
暢，以方桌取代用了數十年的圓餐桌，旁邊牆壁隱藏著看護
的房間和浴廁入口並貼心地將房間安排臨窗位置，享有明亮
舒服的採光。

臥房空間形狀較為狹長，區隔出更衣室和書房也可讓空間感較為平衡，功能性更加強化。分開的兩張加大單人床，確保兩人的睡眠品質。

具設計細節的垂直動線

樓梯所在的位置和並未移動，偶數階面旁也以側邊打燈提供照明功能，牆面中間的穿透設計讓樓梯間不致成為封閉空間，既可擺放裝飾物品，也可讓在客廳中的家人掌握樓梯間的動態，樓梯的上半部空間則裝置扶手以便行走，每天禮佛都要上下樓梯，平緩好走也增加在家的活動量，鍛鍊肌肉減緩退化。

臥房是重要的休息場域，長輩夜間睡眠大多為淺睡狀態，也比較容易因為周圍的聲響在半夜醒來，之後便很難再入睡，造成睡眠品質不穩定，因此擺放了兩張加大的單人床，讓夫妻倆可以擁有舒適的睡眠狀態，不致因另一半翻身或起身而被吵醒。在靠近窗邊的位置隔出了書房，一來是窗邊透入的自然光線可以讓閱讀環境更為舒適，即使白天不開燈也可以看得清楚。

寬敞平緩的樓梯在偶數階面側邊裝設了照明，高度適中好扶握的扶手設計，讓上下樓梯安全安心。

熟齡宅・新觀念

1 運用深淺木質元素暖化空間，同時也讓視覺有層次感
2 簡化生活，透過設計將收納、打掃等家事工作變輕鬆
3 從生活面出發思考空間怎麼做，預留未來調整的餘裕

空間設計
相即設計
xjstudio.com

Issue 4 親友共居

→ 57.親友一起住或住附近互相照應

三代同堂、家族共同生活，是華人家庭文化的一部分，隨著時代演進、生活型態改變，多數人的居住環境也從鄉村移往城市，生活步調與住宅空間，不見得能維持家族群居的居住方式，親人住得遠，互動與感情自然不像住在一條街上甚至一棟房子裡密切。喜愛親人團聚互助生活方式的人，藉由規劃退休生活，有機會選擇新的住所時，也會考慮親人共居的選項。

共居的型態有很多，如三代同堂、兄弟姊妹共居、親戚共居，或是好友或同事共居等，型態有共住一層，共住一棟有各自的私人領域與公共互動空間，住樓上樓下或成為左右鄰居，買地蓋屋等等規劃方式。共居能夠愉快常久，最重要的是生活理念相近，擁有互助開放的胸襟，同時保有私人的領域與時間，歡聚時可以同樂，又不會妨礙約束到彼此的生活，若是居住成員年齡層多元，會讓生活充滿活力、接觸的面向更多元。

親友共老的思考
1 共居的親人朋友是否為讓自己舒心的人際關係
2 人不可能憑一己之力活下去，一切靠「互相」，日常生活來自一連串的感謝
3 可以接受彼此生活的空間有多緊密？住在同一間房子裡，還是當鄰居

→ 58.邀請親友來家中同歡

三五好友一起吃飯、聊天是生活中的一大樂事，尤其在家中跟老朋友聚會更是放鬆，一張大餐桌便可以勝過外面的餐廳或咖啡廳，若能夠加上結合中島廚房的開放式客餐廳設計，不但讓空間更加舒適、寬敞，每個人能選擇自己喜愛的角落隨性坐落，主人還能一邊做菜一邊參與話題，若空間仍有餘裕，規劃適當的娛樂、遊戲空間也能增添額外的互動樂趣。

→ 59.和家人分享成長生活的軌跡

累積了幾十年的經驗與經歷，每個人或多或少都有想要跟人分享的小小成就，也許是攝影愛好、藝術蒐藏或是征服百岳，不須害羞，大膽地在家留下一處炫耀的展示空間或牆面，除了可作為聚會茶餘飯後的話題，臺北醫學大學高齡健康管理學系副教授侯文萱更進一步提供醫學上的見解，蒐藏品或紀錄都是代表著過去的生命經驗，在滿足成就感之外，同時能帶來內心的歸屬感，對於老後的認知功能也有正向幫助。

→ 60.城市之外，
　　和好鄰居一起過鄉居生活

【孩子送給爸媽郊區的第二個家】

清晨在陽光鳥鳴陪伴下醒來，可以自在大口呼吸不怕PM2.5；盥洗後和老伴一起出門散步看風景，路上巧遇鄉居同走一段或是簡短寒喧，提醒這週的週日有「午餐之約」，打算準備什麼菜色和大家共享；走完社區一圈回到家，沖兩杯咖啡準備早餐，在前庭的樟樹下吃早餐……這樣的生活是朝九晚五忙碌都市生活中難得的悠閒放鬆，卻是周爸周媽這近一年來的日常。

攝影‧圖片提供__施銘福　　攝影‧圖片提供__施銘福

愉快的生活除了好的環境，更需要好鄰居！社區居民自發性的發起每週一聚的活動，假日安排健行郊遊、共餐活動，串聯情感也凝聚社居向心力。

從台北開車大約一個半小時的路程，就會抵達周爸周媽位在苗栗的第二個家。三年前兒子告訴兩人在苗栗買了一塊地，打算蓋一間房子家人假日來度假，讓兩人有個不同於城市、可以放鬆過日子的地方。一開始周爸還有：「怎麼這麼遠、這樣好嗎？」的疑慮，但當車子越來越接近尚為一片空地的土地時，周圍的自然環境和空氣，讓周媽很喜歡，隨著房子設計、進入施工階段到完工，兩人的生活也從全職工作漸漸轉換成兼職，

每次開車南下前往苗栗的第二個家，周爸周媽都帶著愉快期待的心，只是散散步、除草、整理菜園，生活很簡單就快樂。

以實木製作壁板及傢具，隔間牆內填入保溫材料，冬暖夏涼，表面塗料不塞住木料毛細孔，進入書房就聞到木香，窗外就是周爸周媽自己開闢的菜園。

孫子也大了不需要接送，便嘗試短住了一次。沒想到一住便喜歡上，每次待的時間越待越長，回到市區的家，也不時規劃著什麼時候要去，去要做什麼的安排起來。

攝影、圖片提供＿施銘爀

看著房子周圍的晨昏山嵐變化，宛如在山林秘境中，其實社區所在位置從平面道路開車上來才10多分鐘，就能享受山林度假的悠閒。

攝影＿Amily

挑高的客廳讓空間顯得比實際坪數開闊，上下兩片開窗，可藉由電動捲簾和窗簾調節光線。燒木柴的壁爐在冬季非常實用，平時修剪樹木的枝條蒐集起來，做為溫暖冬日的燃料。

學習心態的轉換快樂退休

社區所在是一片丘陵，以前是養羊的地方，經過整理之後有18戶，已有15戶蓋了房子進駐，有人是退休後把市區的房子給孩子，兩老搬到這裡長住；有人是40多歲買了地蓋度假屋，假期全家大小來過周末假期；有人假日就訂各地民宿一間住過一間，偶然來到這裡覺得不如把錢投資在買地蓋屋，以後就呼朋引伴來住；也有像周爸周媽這樣，退休或半退休，自由轉換在城市／郊區的生活情境。由於鄰居們都是喜歡自然、樂於分享的個性，社區最早的住民福哥便帶動大家，在假日人最多的時候，聚一聚聯絡感情，也認識這片土地與周遭的文化與生態，互相交流種植、割草心得，固定每週日的晨走踏青，假日每家出兩道菜的共餐約會。今年中秋節每家每戶都熱熱鬧鬧，互相串門子，又將成為社區居民聊天時的話題之一。

設計者

設計│日祥設計有限公司Frank Lin Design Studio，
網址│zh-tw.facebook.com/franklindesignstudio
營造│福泰木屋，
網址│lala.fautai.com.tw

住在郊區，很多人會有不方便的疑慮，周媽之前曾發現肺長小腫瘤，切除後開始會到郊區住，心情放鬆又有地方活動、空氣環境佳，感覺自己好像越住越年輕健康。社區距離當地的市區開車10多分鐘，各種生活機能都有，花一點時間去探索了解後，其實不會不方便。住在城市裡的明亮便利，是犧牲了某部分生活品質換來的，不論住在哪個家，自在、滿足、心懷感恩，退休生活令兩人充滿期待。

攝影＿Amily

位在二樓的小客廳及主臥，地面平整不設門檻，動線直覺、走道寬度加大，除了讓空間感更形寬敞，同時也讓家人行走更安全。

熟齡宅‧新觀念

1 不一定要完全移居到新的環境，平日住城市，假日住郊區，無形將社交圈擴大

2 住在大自然裡，一定比不上城市便利的生活，調整好心態以觀察、體驗大自然的心放鬆生活

3 豪華的硬體比不上志同道合的好鄰居，學習懂付出、能共享的生活方式

入口的露臺設置大型長桌方便招待親友。前方的緣廊也規劃座椅，家人隨時可愜意納涼。

 訪談

→ 61.姐妹兩家人買地蓋屋一起住

【完成父親心願，提早過山居退休生活】

家，是凝聚情感、守護家人的居所。喜愛自然和山林的兩姐妹，力經父親驟然辭世，為了圓滿父親未能完成的心願，開始尋覓新中那方桃花園。最後在苗栗的近山，找到了一塊地，構築了屬於兩家人的幸福居所。

因為是自己蓋的房子，能夠照自己的意思規劃，由於是姐妹兩家人同住，內部格局以對稱為設計概念，將餐廚區放在空間的中心位置，兩家共用，兩側留出通往兩家的通道，每家各有獨立的客廳與私人空間，既能享受家庭團聚的熱鬧氣氛，也保有獨立私密的個人空間。戶外的緣廊和露臺，即使下著小雨也能在此活動；天氣好的時候，水池、院子和菜園是大人小孩的遊樂場，單純、平實的生活，讓心情放鬆，也讓家人的心緊緊相連。

屋主速寫

兩姐妹一位是老師、一位在金融業工作，兩家人都愛純樸的田園風光及大自然美景，這裡目前是假日的度假屋，慢步調的生活讓家人的心更緊密。

愛喝茶的屋主姐妹，在古董店找到的日式炭爐，在窗邊規劃了一隅茶室。

廚房在建築的中心點，左右兩邊通往姐妹兩家，共用廚房也方便進出。

設計者

設計師｜艸世木空間設計
營建商｜上采木屋

Issue 5　三代同堂

→ 62.不想成為黏膩惹嫌的長輩

每個家庭都有自己的生活步調，像是生活作息、習慣甚或是觀念，三代同堂勢必須要面對生活上的磨合，如何減少生活差異造成的摩擦，大雄設計Snuper Design行銷總監邱薇庭談到，製造適當的距離感是空間規劃的關鍵，若是透天厝，可以直觀地將樓層作為生活空間的區隔；單層住宅則建議利用走道或是次起居室等過道方式，串聯兩代的生活空間，但不論是何種住宅，還是應該以客餐廳公共空間為居家核心，透過動線設計維持有點黏又不太黏的互動關係。

→ 63.預留未來看護人員進駐的空間

當身體的狀況已經讓日常生活變得難以輕鬆自
理，主動尋求居家照護並不是示弱的表現，而是
非常明智的決定，不僅生活可以更加舒適便利，
也是維持基本生活品質的唯一選擇。因此，若室
內空間足夠，可以考慮在臥房旁邊保留一間小房
間，不須看護時先做儲藏室或是更衣間使用，或
是在主臥預留可放置小單人床寬的彈性空間，保
持空間的調動彈性，才能面對未來可能的變化。

→ 64. 三代人共居的全齡幸福齡宅

【體貼設計讓老屋住得安全舒適】

家，是心靈的港灣、是堅固的堡壘，帶著對家人滿滿的愛，屋主決定將20年老宅重新裝修，打造成安心生活的6口之家三代宅。

這間30坪老屋原本深受壁癌、潮濕及反汙水等問題困擾，由於屋主的三個孩子為過敏體質，濕氣是首要希望解決的問題，因此設計師在牆面使用珪藻土，並在全室加裝除濕系統、空氣清淨機及全熱交換機，達到空氣清淨、排除過敏原與室溫恆定的目的。

至於體貼家中長輩的熟齡安全設計，設計師增設緩坡，避免地面高低差造成跌倒危險。走道將扶手整合牆面，採用拉門，衛浴不做門檻用截水溝，櫃子的把手加大、加大開關按鈕、櫃子下方的低度照明設計，更在玄關加入無線監控系統，隨時掌握身在各空間的居住成員情況。

設計者
演拓空間室內設計
www.interplay.com.tw

由於坪數有限，處理收納機能時隱藏至牆面，讓動線寬敞、採光通透明亮。

Issue 6 青銀混居

→ 65.類家人的跨世代共居

下一代離巢或自組家庭，單身的長者似乎只能和電視做伴，或是去老人中心泡茶聊天，若能在生活中加入年輕人的活力與笑聲，熟齡生活將少一點孤獨，更多采多姿、健康快樂！在荷蘭、德國、日本等國實行多年的「青銀共居」概念，鼓勵熟齡長者將家中的空間租給年輕室友，透過「室友就是家人」的跨世代混居，年輕人與長者彼此貢獻對方所需，互相幫助，是一種「類家人」的新世代關係。

近年新北市、台北市都有實驗性的試辦個案出現，如：台北市陽明老人公寓提供4個房間給大學生，和老人一起住在同棟公寓，藉此減低租金，學生每月需付出20小時陪伴老人，有教3C、教攝影、彈烏克麗麗、二胡、陪伴下棋、聊天、運動等。新北市三峽隆恩社會住宅，公有出租住宅中的其中3戶為青銀共居試驗戶，新北

> **青銀混居的思考**
> 1 抱持愉快的心情，打開心胸與不同世代背景的人互動
> 2 樂於分享、付出，貢獻人生經驗與年輕世代分享
> 3 不因年齡輩分而自我侷限，共同生活要彼此尊重，遵守討論出來的生活公約

市委由打造「共生公寓」的青創團隊「玖樓」管理，希望找出適合台灣的青銀共居模式，在三房兩廳的住宅中，熟齡長者和年輕學子共同生活，討論制定生活公約，客廳設計為共食、共作、共玩的三個不同開放空間，讓跨齡室友交流互動。

除了公辦實驗性的青銀共居模式，也有民間團體在台中沙鹿規劃文創園區、照護咖啡館，以及67戶混齡住宅，預計2019年底完工，各式各樣的熟齡生活可能性，在台灣各地萌芽發展。

→ 66.傳承知識與經驗給年輕人

熟年者擁有豐富的生命經驗與技術，而年輕人滿腔的熱情與衝勁背後，也需要有扎實的技術與經驗來支撐，伍志翔分享，青銀共融的社群是目前許多國家在推行的社區概念，像是德國就有所謂的青銀共創大樓，社區提供空間承租給新創公司，同時讓社區中的長者以顧問的方式提供實務上的協助，透過提供兩代人交流的空間與平台，雙贏的方式也可以進一步提升長者的自我實現與尊嚴感。

不同世代的住宅混在一起，刻意打破界線，區塊之間不用柵欄圍牆，以平坦好走的步道串連，自然的動線讓居民感染彼此的生活氣息。

→ 67.多世代族群共生社區

【「Share金澤」打破藩籬與原有社區共生】

源自美國的「連續性照顧退休社區（Continuing-Care Retirement Communities, CCRC）」，理念為：打造「生活」而非「養老」的社區，在社區中整合生活支援、照護及醫療系統，讓健康的高齡者能「退而不休」，真正享受生活，身體機能衰退者也能得到全面的照顧。

現在台灣的長照政策仍著眼已失能、需要照護的高齡者，在日本，2015年提出「日本版CCRC」，強化地方城市的照護、醫療機能，鼓勵都會區的老人移居，發展第二人生、在地終老，是「地方創生」概念的延伸。因為自己母親的關係，許華山建築師特別關心重視熟齡生活設計，多年來參訪台灣、日本多個熟齡照護機構及社區，其中由日本社會福祉法人「佛子園」規劃，位於石川縣金澤市的「Share金澤（シェア金沢）」，是參訪後認為值得借鏡的成功實例。

改造自金澤當地廢棄十多年舊國立醫院，以多世代共生社區設計的「Share金澤」，得到日本2014年Good Design設計大獎。

Share金澤不將自己定位成「高齡者照護社區」，而是融入當地生活的一份子，在此生活的居民除了高齡者之外，也有小家庭、障礙者、大學生，每天還有許多在地居民進出，是多世代共生的「大雜燴社區」。如果一個地方只有單一族群入住的話，會讓人覺得是個有特殊照護需求的機構而感到隔閡，因此規劃設計階段就積極邀請在地居民參與，期待打造的是融入當地社區、創造交流的環境。

寬敞而令人感到安心的大廳，是日間照護的場地，也是舉辦各種活動的據點。

讓人心中無礙的生活設計

2014年落成的Share金澤，是具備複合性機能的社區，原址為關閉了十幾年的舊國立醫院，後由社會福祉法人「佛子園」活化，當地的五井建築設計研究所參與設計，區內居住設施有老人住宅、障礙兒童設施、學生住宅，也提供高齡者日間照護、社區訪問照護、兒童發展支援中心、產前產後照護、課後兒童照護等服務；另外還有溫泉、餐廳、商店、音樂教室、運動教室、藝廊等商業及服務性質的設施。

share金澤製作了社區居民的溫泉入浴札，要是發現哪位長者太久沒來洗溫泉，工作人員會主動前往探視，意外多了守望相助的效果。

> **規劃者**
> 日本社會福祉法人「佛子園」
> 「Share金澤」網址：share-kanazawa.com

一般的日間照護中心，服務對象多為失能高齡者，但Share金澤則不設限，社區內的健康長者、其他年齡層居民都能參加。參加的居民有時也是講師，此外也和當地NPO組織合作，創造多樣化的服務。重視身心障礙者權益是Share金澤入住店家的特色，像是餐廳、酒吧雇用一定比例身心障礙者；洗衣店、雜貨店也雇用高齡者和障礙者；社區內的運動俱樂部標榜「殘障人士也能使用」，貫徹打破藩籬、多世代族群共生的創辦精神。

空間設計打破正常與障礙的藩籬，讓所有人都能便於使用。

熟齡宅・新觀念

1 真正的整體照顧，除了高齡者，應該還要包括兒童、障礙者、甚至不需醫療照顧服務的人
2 不只被動接受服務與照顧，持續參與社區活動甚至工作，多與不同世代互動，能降低失智風險

| Chapter 5 |

家的安定感：關於住居空間

現在科技發達，對於家有長輩來說是一大福音。年紀漸長，體力和適應力都逐漸變差，可能一不小心跌倒、小感冒，或是季節交替冷熱氣溫差異大，就釀成大禍，像是冬季經常在新聞看到氣溫驟低導致心肌梗塞憾事，或因沒注意在家絆倒造成骨折，結果就開始臥床。因此對於居家設計，尤其是衛浴、廚房、地板與樓梯等區域，都要特別留意，保持室內恆溫，地板平整乾燥，這些靠現在的建材及技術都能輕易達成，如果在思考規劃熟齡住宅時，就將這些要點納入，對未來的老後生活必能有所幫助。

Issue 1　通用設計

→ 68.空間的通用設計
　　讓行為無障礙

【做對住宅設計，不論幾歲都幸福生活】

Design for All，適用於各種性別、身體、心理狀況等族群的設計，除了考量身障者和其他弱勢族群，也顧及一般人的使用情況及需求，同時顧慮到使用時的心理感受。美國設計師羅納德麥斯（Ronald L. Mace）與一群設計師曾提出七項設計原則：「公平使用」、「彈性使用」、「簡易及直覺使用」、「明顯的資訊」、「容許錯誤」、「省力」、「適當的尺寸及空間供使用」。

專家介紹

・張德良
・演拓空間室內設計主持設計師
講究對稱美學，在設計之下同時隱藏精工細作的態度，超過1200條SOP，用嚴謹的心情施作每一個流程與工序，並以其誠意與自信提供對的設計，體貼使用者並滿足其生活上所有的需求使其生活簡單，不但讓居住者住輕鬆沒有壓力，也符合華人風水之說。

從生物學及醫學的角度，老化是生理狀態隨時間而變老的過程，是生命的自然現象，我們可透過健康管理延緩老化的速度，但人的體力是隨著年齡增加而逐漸退化，有些問題，也許現在還沒發生，但一定要替未來的自己的設想：倘若有天需要輪椅輔助，家中通道是否通暢無礙、無段差？坐下起身沒力氣站穩時，有無隨手可攙扶支撐的扶手？當蹲下彎腰越來越吃力，該如何維持住家環境整潔？

圖片提供_演拓空間室內設計

隔間採取開放或半開放式設計，或是以強化玻璃做為隔間，家
人之間能彼此照應，即使家人身處不同空間，也能注意到長輩
的活動狀況。

因此，想讓自己和家人在未來生活一樣便利舒
適，規劃熟齡住宅時，一定要預先思考「通用化
設計」，以空間「無障礙」、設備機能「好走、
好坐、好拿、好開」為指導原則，並找到適合自
己的收納方法，讓生活中瑣碎家事簡化，每件事
少花一點力氣，就多了享受人生的餘裕。

重點提示

1 設計無障礙空間，不只考慮全，也要顧及使用者的尊嚴與
感受
2 除了尺寸符合人體工學，材料及造型也要謹慎挑選
3 採光影響人的情緒，通透明亮的自然採光，是熟齡宅設計
重要關鍵

→ 69.尺寸的設計重點

輪椅是到了人生後期都可能需要使用的輔具，盡早規劃或檢視家中動線是否便於輪椅生活，可為未來省下很多麻煩。無障礙的目的是要消除生活上的不便，重點在於通用性的設計，不是要將家規劃得有如照護中心或醫院，而是要在基礎規劃設計時，納入一些不分年齡、性別、狀態都能通用的設計思考。

預留讓輪椅順暢通行的尺度

一般輪椅約62～68公分，走道淨寬還是需要有90公分以上的寬度，而門寬則不需如此，扣除門框達75公分寬就夠了，至於室內地坪則應盡量減少高低差，或是讓出入口落差降低到3公分以下，當然還有許多相關設計，像是退縮式的操作檯面設計、以橫拉門取代推門……等，都可以讓輪椅行動更加便利。

攝影_許華山

平整的地板，寬敞的走道，自然木質感的材料，室外光線進入室內不刺眼，是思考到所有人都感到舒度的設計。

1 玄關入口、走道、浴室門檻等地面高低差小於0.5公分，或以斜坡處理。

2 動線路徑淨寬大於90公分，迴轉處淨寬大於120公分。

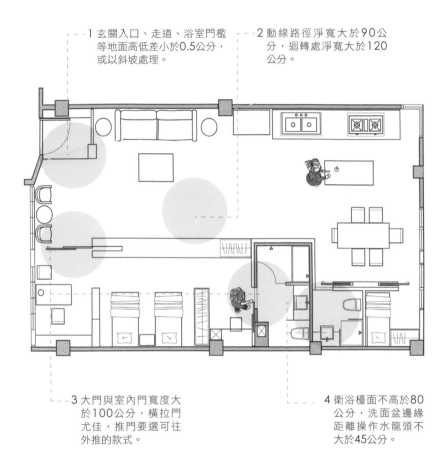

3 大門與室內門寬度大於100公分，橫拉門尤佳，推門要選可往外推的款式。

4 衛浴檯面不高於80公分，洗面盆邊緣距離操作水龍頭不大於45公分。

→ 70.別讓地板高低差成為生活負擔

想讓空間有裡外區隔或層次感，有時會在地板高度做變化，如果是像臥榻或樓梯一階的高度，還比較容易注意到，最危險的是若有似無、3～5公分的這種段差最容易踢到腳而跌倒。地坪相異材質銜接處如果並非平整，而是用收邊條銜接，沒注意或分心時也會有跌倒風險，居家中要避免這樣的情況發生。

容易因高低差跌倒的地方
1 浴室門檻
2 玄關與室內的落差
3 陽台與室內的高低差
4 樓梯
5 浴缸
6 淋浴間門檻

攝影_Amily

梯間有自然採光，再搭配和緩坡度及扶手，能大幅降低跌倒的風險。

安全好走的樓梯設計這樣做

樓梯好不好走的關鍵在踏階高度、坡度和寬度，過窄、過陡、過高都容易造成爬梯過程的危險，邱薇庭提醒，樓梯尺寸設計還是要從使用者出發，基本上坡度緩和加上大面積踏階，年長者走起來才舒適、安全，且寬度不宜太窄，舒適性外也保留未來加裝樓梯升降椅的彈性空間。

材質則以木地板或木紋磚等較防滑的材質為主，並在邊角處作圓弧倒角處理，增加安全性，此外，建議可在扶手下方處加裝間接光源，方便夜間辨識也不刺激雙眼。

圖片提供＿森境＋王俊宏室內裝修設計

不同材質銜接處，平整不留高低差，僅利用材質變化介定空間並引導動線。

→ **71.省力的操作設計**

1 座椅、沙發高度應配合使用者身高，材質需有一定的支撐力，避免坐下就陷入其中。

2 水槽龍頭選撥桿式或感應式設計，避免握力不足經常沒關緊龍頭。

3 高度腰部以下的櫃子，選擇抽屜式取代雙開門層板樣式，東西堆放在深處也不需蹲下費力翻找。

4 抽屜三段式滑軌五金可讓抽屜全面拉出，方便翻找物品。

可升降式烘碗機

空間設計_演拓空間室內設計·攝影_劉士誠

選對設備做家事不費力

若進一步考量到年長、行動力下降的長輩，廚房流理台高度應該客製化設計，避免長輩在洗碗、洗菜時還得彎腰駝背。烘碗機或儲物櫃可採用升降式的設計，長輩不用伸手即可拿到高處物品。

考量到坐輪椅的長者不便起身，可選中央有拉桿的衣櫃，易於拿取衣物。

廚房是家事的中心，兩種高度的檯面設計，方便備料時累了可坐下休息。

省力設計TIPS

1 水龍頭選用撥桿式
2 門把加大，採用撥桿式
3 抽屜及廚櫃安裝容易抓握的把手
4 開關面板加大
5 五金選用省力型
6 衣櫃採用升降式掛衣桿
7 樓梯一定要加裝扶手
8 在姿勢改變的地方設計扶手，如會坐下、起立的玄關穿鞋椅等

→ 72.在家中營造紓壓放鬆角落

相較於其他空間裝飾物，隨著不一樣的光線、季節，有著豐富的表情變化與狀態，其自身的活力能夠帶動空間的生命力，中原大學室內設計學系副教授吳燦中表示，人也像植物需要陽光、空氣、水的滋潤，若能在家中安排一處同時擁有開闊視野、良好採光與綠意的角落，再搭配上一張舒適、穩固的椅子，就算身體狀況已不能常到戶外走動，置身其中心情也能得到放鬆與寧靜。

圖片提供＿森境＋王俊宏室內裝修設計

透過適度運動維持良好體態

若還沒有運動習慣，就從小地方開始一點一點慢慢培養吧！也許先從減少搭電梯開始，逛街、踏青、旅遊都是能讓自己動起來的藉口，走出戶外便是增加燃燒卡洛里的機會；另外，善用空間讓家隨時化身多功能健身區，像是在客廳跟著電視中的教練做瑜珈，或是在通道入口處加裝耐重的單槓做簡易重訓，當然，空間夠的話也可以規劃擺放健身器材的區域，別讓懶得出門成為逃避運動的藉口。

Issue 2 採光／照明

→ 73.照明的設計重點

1 光線會影響人的情緒，熟齡宅設計盡可能引入自然採光，讓室內空間明亮。

2 電燈開關設計為雙切，能在進入空間時把燈打開，要關上時也能就近切換。

3 使用色彩單一、光線平穩的全波長光源，避免突如其來的亮度轉變。

4 照明避免產生眩光，減少直射光、採用不會產生眩光的燈具、地板傢具少用易反射的材質。

5 走廊、衛浴、廚房工作檯面及爐具上方、樓梯、床頭處，要加強照明，且需柔和不刺眼。

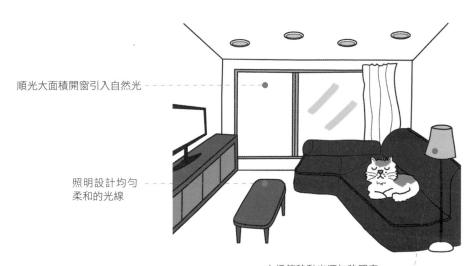

順光大面積開窗引入自然光

照明設計均勻柔和的光線

立燈等移動光源加強照度

圖片提供＿演拓空間室內設計

通道動線需適時增加亮度

臥房是每天都要進出不只一次的空間，尤其年紀
愈大半夜起身上廁所的次數愈頻繁，所以有大部
分的時間是在昏暗且不太清醒的狀態下在臥房行
走，因此臥室應該盡量保持簡約清爽，不宜擺放
過多的物品，另外，低角度的引導夜燈也是提升
臥房安全的重點。

衛浴設置夜燈方便夜起如廁

半夜起床上廁所，突然從黑暗的環境把燈打開，
瞬間光線的變化太大會造成眼睛及心理不適，因
此除了臥房要裝小夜燈之外，衛浴廁所也要安裝
夜起如廁的照明，可在浴櫃下方或鏡櫃後方設計
間接照明。

→ 74.打造柔和均勻的明亮環境

除了身體的使用靈活度，隨著年紀視力也會逐漸衰退，對於光線的適應敏感性降低，直視性的投射光源往往會造成很大的不適，建議以間接光源或遮光角度較大的檯燈取代，但太過昏暗的環境容易造成視覺模糊，反而容易發生意外，如何創造均亮且柔和的明亮環境，是熟齡住宅的照明設計的重點。

走道感應式照明裝置

走道上加裝了感應式地燈，以向地面照射的低度光源提供照明功能，一走出房門口便可自動感應亮燈，省卻在黑暗中摸索燈光開關的不便。燈光照明充足的走道，也是避免老人家及行動不便者跌倒的關鍵。

營造舒眠的光線情境

臥房的照明宜柔和，因此色溫約2800K左右，照度約50Lux即可。

夜燈安裝在櫃子下方，不刺眼又能站看清楚腳步。

玄關櫃體底部裝設LED燈帶導引安全

若在玄關設置嵌燈，從天花板投射的光束對眼睛較為刺激，因此設計師採取地板LED燈帶設計，除了眼睛不會受到直接照射，LED燈帶也可具備導引作用，讓進屋的人分辨走道動線，此外若在就寢之後，客廳完全熄燈時，櫃體底下的LED燈帶更能讓人清楚自己的所在位置，要到客廳或衛浴也不會摸黑到電源開關處，貼心又安全。

→ 75. 燈光昏暗不適合
視力退化的熟齡族

確保提供充分的亮度，以協助視覺較差的人辨識，同時讓一般人也能看得更清楚。在家中空間使用明亮且省電的光源，並於晚上活動行經的走道或區域，安裝小夜燈以利照明。

流明天花板讓光線均勻柔和

由於年長者對光照度的需求是年輕人的1.5倍，夠亮之外還要均勻柔和不眩光，在需要明亮的工作空間如廚房，主要照明可設計流明天花板，白晝光色溫尤佳。

圖片提供＿演拓空間室內設計

在廚房模擬白天的自然光源，如同天井般照射下來，容易讓人放鬆地在此料理食材。

攝影＿＿Amily

開放式餐廚明亮好心情

廚房和餐廳以ㄇ字型廚具的一邊界定區隔，沒有
實體隔間阻擋，光線和視線能自由穿透，兩個空
間共享明亮採光，工作檯面及餐桌上方局部增設
照明，料理時安全方便，用餐享受情境。

Issue 3　格局／動線

→ 76.動線忌曲折一目了然為佳

無論身體狀況是否需要輔具，行動力都會漸漸較年輕力壯時遲緩、困難許多，因此，退休住宅的動線規劃應該以簡約為原則，盡量刪去空間中畸零角或複雜的設計，採較直覺性的簡潔動線並縮短廊道，同時以公共空間作為居家規劃的核心，透過開放式的格局規劃，不僅可保持視覺開放、放大使用空間，也能縮短到達各空間的距離，減少日後移動上的麻煩與危險。

圖片提供＿禾光室內設計

行進動線直接不曲折

開放式、一目了然的格局，比較不會讓年長者感到困惑或不安全感，行進的動線最好可以看到空間彼此的關係，公共空間到臥房等私人的區域也不要太過區折，可透過燈光或材質暗示動線。

行進路線中要有可攙扶的設計

隨著年齡愈大，對於身體的掌控力與平衡感也會變差，一個不小心就有可能發生碰撞，因此，在空間中適時地安排輔助扶手非常重要，但並不是要將家裡裝設成照護中心，而是集中設置在較長的行走動線，或是可能需要彎腰或起身的重點區域，這些扶手可以是櫃體、穩固的桌面等物件，透過結合輔助功能的生活物件，讓扶手不再像扶手。

格局／動線設計重點

1 熟齡宅的居家動線忌曲折多轉彎，以一目了然、直覺行進為佳。

2 理想的全齡住宅，一定要確保輪椅可以在各個空間暢行無阻。

3 通道避免設置門檻，以免阻擋輪椅或助行器使用，增加意外發生風險。

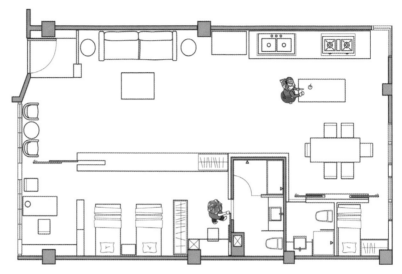

公共領域比例加大，增進家人互動時間與機會。

→ 77. 格局採取「公大私小」原則分配

50歲後的成熟族群面對生活內容組成的改變，像是工作佔比減少、心態上的轉換等，握有時間和金錢上的餘裕，對於居家空間的使用認知也會有所改變，對此，相對於待在臥房的私領域空間，更重視可以與親友或夫妻之間互動的環境，需要更大的非自我空間，朝向「大公小私」的格局配置。

此外，保持空間的使用彈性也很重要，除了以複合式概念來安排公共空間，滿足更多社交、休閒需求，格局的變動性也要保持彈性，才能應付接下來不同生理或心理階段的需求。

視線無礙式的隔間設計

隔間採取開放或半開放式設計，或是以強化玻璃做為隔間，家人之間能彼此照應，即使家人身處不同空間，也能注意到長輩的活動狀況。這種「視線無障礙」的隔間設計，也能降低長輩心理上的焦慮與不安全感。

長輩房旁邊預留彈性一房

當長輩未來健康狀況衰退而臥床時，臥房就有可能要改為病房使用。因此一開始決定長輩房間位置時，緊鄰的兩個房間之一當作臥房，另一房可先作為書房或客房，未來家人有需要看護照料時，就可以很快改成看護房，方便就就近照顧及確認長輩的情況，對空間利用來說保留了一定的彈性。

複層空間將長輩房安排在一樓

透天或樓中樓等複層空間，經常將臥房安排在二樓，但年紀漸長要頻繁爬樓梯確實是個負擔，建議將臥房規劃到一樓，可與公共空間串聯，方便在家中料理飲食和起居。如果規劃一樓長輩房時，無法設計成套房形式，盡量也不要離衛浴太遠，避免晚上如廁要走一段路。

 觀念

→ 78. 找出最適合自己生活的格局

50歲左右的成熟族群，努力工作至今已經累積
了一定的財富與成就，孩子也大多即將或已經步
入社會，離巢的鳥兒就讓他們擁有自己的人生，
將後半生集中在夫妻兩人的需求上，這個階段
不該再將目光放在坪數的大小，而應該是空間的
質量是否符合自身的需求。不少屋主在這個階段
會選擇以大換小，30～40坪可説是最適當的坪

數大小，夫妻兩人住起來不致擁擠也方便打理，至於空間的規劃則緊扣夫妻之間的生活模式與需求，刪減閒置或不需要的空間，這樣住家才能最貼近主人的樣子。

在家中設計提高活動量的動線

雖說年長者的居家設計以方便省力為主，但也要考慮到在家時間長，如何利用生活行為提高活動量，在家行走路徑平坦並暗藏扶手，只要每天從客廳到廚房，從餐廳到客廳、臥房，生活中自然而然就累積一定的活動量。

Issue 4　收納

→ 79.老前生活整理斷捨離

幾十年所累積的生活物件數量可說是相當驚人，若沒有適當的分類收納，不僅容易顯得雜亂，甚至可能常常收到失去蹤影。在這個人生階段，收納規劃必須要先狠下心，明確區分自己「會用到」及「還能用」的生活物件，若家中還留有孩子的東西，也須將之整理後歸還或丟棄，減少雜物數量，才能將收納空間保留給生活真正會使用到的重點物件。

收納要一目了然避免遺忘

且隨著年齡增長，記憶力也會跟著衰退，一味的用櫃體將物品隱藏起來並不是好方法，應該以方便拿取、容易收拾的開放式收納為主，同時依照日常使用習慣決定物件的擺放位置，利用直覺性的生活感來記憶。此外，預先考量之後的生活所需也很重要，像是藥品櫃、大型輔具的收納空間等，才不會到了真的老後再來煩惱沒空間收納。

收納的設計重點

1 開放式收納東西放哪最清楚，若怕染塵或零亂，用層板式
　收納配落地櫃門
2 同樣性質的物品放在同一區，透過聯想不易忘記
3 收納櫃不要做得太深，年紀漸長不方便找藏在櫃子深處的
　東西
4 以腰部為中心上下觸手可及的位置，就是黃金收納區

→ 80.善用處手可及範圍作重點收納

居家空間中「不彎腰就能碰到的範圍」，被稱之為黃金收納區。家中常用的物品，應該收在可隨手拿取的地方。例如，長輩出門要穿的外出鞋，可收在玄關的掀蓋式收納穿鞋椅當中，電視牆整合收納櫃，層板搭配抽屜，將物品分門別類存放，關起門片就清爽整齊。

電視嵌入櫃體深35公分 ----------------- 視聽主機40～100公分 -----

空間設計＿演拓空間室內設計　攝影＿劉士誠

---- 玄關座榻35～公分

空間設計＿演拓空間室內設計　攝影＿劉士誠

→ 81.衛浴的收納設計

與衛浴聯結的開放式更衣室，置物櫃分成上下兩部分，吊櫃上方可放備品，隨手拿的高度收放日常衣物毛巾，檯面則方便臨時置物或收摺衣物。櫃體以胡桃木皮與白色區隔，方便快速識別或告訴家人收納其中物品。

圖片提供＿相即設計

空間設計＿演拓空間室內設計　攝影＿劉士誠

高處櫃子層板下貼鏡子

張德良設計師建議，在最高層的櫃
子上可加裝一面鏡子。即便忘記自
己收納的物品，也不用冒著危險爬
上去確認。

空間設計＿演拓空間室內設計　攝影＿劉士誠

平常少用、零碎的物品，則可以儲放在家中的
畸零空間。

Issue 5 　材質

→ 82.材質運用重點

1 避免使用過多玻璃或鏡面，乍看到倒影或光影
　會帶來不安及視覺錯亂。

2 磁磚、石材、木皮、壁紙等會大面積鋪設的材
　料，避免花樣繁複的款式。

3 在過道、臥房及衛浴等濕區，地板材要選用止
　滑係數高的的款式。

4 避免起床時踩到冰冷的地板，臥房可鋪木地板
　或是在床邊裝設地暖系統。

圖片提供__明代空間設計

地板材不要造成視覺混淆

地板的花色以簡單、無過多接縫為佳，一旦花色
過於複雜，如馬賽克或花磚地板，溝縫過多容易
造成視覺混亂，以為地上有物品而做出跨越動做
而不慎跌倒。

避免過多鏡面反射

鏡面雖有放大空間的效果，但反射出的影像會讓人產生錯覺，
對年長者來說會產生壓力造成混淆，熟齡住宅不適合多用。

→ 83.浴室地板要選止滑材質

在容易跌倒的場域，如衛浴和廚房地板使用防滑材質，且需注意止滑係數，讓人得以安全站立、行走、預防跌倒。樓梯踏階也要注意防滑，不要選擇光滑亮面的材質，或紋路複雜易產生視覺錯亂的石材等，確保安全要加上止滑墊或貼上防滑膠帶。地毯和腳踏墊，要確實固定在地面上，避免踩踏時滑動導致摔倒

圖片提供＿相即設計

浴室淋浴間或浴缸周圍，最容易因濕滑跌倒，地磚應選止滑係數高或表面紋理明顯如木紋磚。

圖片提供＿相即設計

人的年紀愈大，視力衰退，會變得愈來愈難判斷前後遠近。當櫃體和地面都是原木色時，可以分別用深色和淺色製造色差，同材質用深淺色差提醒注意，降低視覺混淆、撞上傢具、柱腳的機率。

Issue 6　造型

→ 84.造型設計要點

1 動線的轉彎處，盡量以柔和的弧型、圓角處理。

2 避免花樣過於繁複的屏風或隔間造型。

圖片提供＿禾光室內設計

過道動線做圓弧櫃體，利用弧形的收納櫃設計，消除空間中的稜稜角角，不只可強化空間的設計造型，也避免尖銳角的危險。

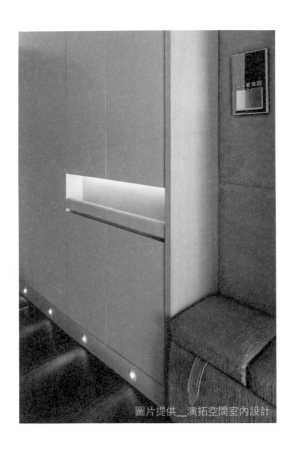

圖片提供__演拓空間室內設計

櫃子邊緣同時也是美型扶手

通道兩旁要適時留點「障礙」或增設扶
手，沒站穩可隨手攙扶。一般扶手讓人覺
得生硬，透過設計「隱藏式把手」，如在
櫃子上方做凹槽，既可輔助行動不便者行
進，外觀卻與一般櫃子無異，顧及使用者
尊嚴。

圖片提供＿演拓空間室內設計

→ **85.空間線條平整簡單俐落**

開放式的公共空間設計，將收納櫃沿牆規劃，原本建築的樑住藏了起來，除了視覺感俐落感覺空間變大，同時也讓空間少了畸零缺角。

弧型天花板的柔軟效應

天花板的曲線弧度，軟化了空間的質地，同時也修
飾了橫樑及管線通過。

圖片提供＿＿森境＋王俊宏室內裝修設計

Issue 7 色彩

→ 86.明亮淺色調感染陽光氣息

試想一下假期會讓人聯想到什麼？不外乎是陽光和大自然，因此，打開空間的封閉性，大面積開窗是舒適的居家環境之必要條件，若長期居住在光線不足的空間中，對於光的敏感度也可能快速退化，所以誰說「熟齡」就一定要走沉穩、深沉的風格調性呢？明亮的光線與淺色系的空間色調，自然能為家帶來輕盈的舒適感，心情也自然跟著愉悅。

圖片提供＿森境＋王俊宏室內設計

公共空間的牆面與地板材質雖不同，但統一為輕淺柔和的色調，局部櫃體、柱體和傢具輔以深色系，讓視覺容易注意到這些物件的存在。

圖片提供＿森境+王俊宏室內設計

建材的顏色經常佔即高的空間色彩比例，而木質調的顏色對心理層面是放鬆、自然、療癒的，也相當適合局部使用在熟齡宅設計中。

色彩設計重點

1 選用柔和溫暖的色調，避免容易反光的白色，少用藍色是因罹患白內障的人對藍色的辨識度差。

2 年紀漸長眼睛對相似顏色漸無法區辨，在需要提醒安全的動線及位置，要增強顏色的對比。

Issue 8　傢具／設備

→ 87.兩張床墊合併同睡不干擾

健康的身體來自舒適的睡眠，但是進入中年後，淺眠幾乎是每個中老年人的困擾，加裝遮光窗簾、氣密窗等能有效隔離光線與噪音的干擾，如果還是無法改善，有可能干擾睡眠的最大因素來自枕邊人，可考慮分床或是合併兩張單人床，杜絕彼此翻身的干擾，因此，建議可以在床頭位置先預設好兩組電路插座，方便日後調整。

智慧中控掌握居家和家人的安全

愈來愈多人開始重視睡眠品質，尤其年紀大後容易有睡眠呼吸暫停症候群等症狀，睡眠健康的監控愈加重要，但基本上都需要透過手環裝置來記錄，容易忘記也不太舒服，目前「中保無限＋」推出不須配戴穿戴式裝置的睡眠監測服務，只要在原本床墊下鋪設智慧床墊，便能即時紀錄睡眠生理數據，甚至可以在感測到入睡後自動關閉臥房燈，避免起身關燈的麻煩或是摸黑的危險。

透過智能家電輕鬆打掃衛生

打掃總是最累人的，不管是使用傳統掃把、拖把還是吸塵器，對於身體的負荷也會隨著年紀愈來愈沉重，掃地機器人已是相當普遍的打掃小幫手，但過去使用掃地機器人需要另外將地板清空，空間的障礙物也不能太多，現在已有業者推出結合超音波感應的機種，偵測更加精準也不會碰撞，就算被電線等障礙物困住也能順利逃脱，不需要額外付出勞力整理，且在黑暗中也能有效率的打掃，甚至可以結合WIFI的遠端遙控，預先設定打掃時程及居家監看功能，出門在外或不方便下床也不須擔心。

觀念

→ 88.地暖設備舒適又避免溫差大

冬天時，是否常常被下床第一步的冰寒震醒，或是因為地板太冰奔跑著躲進溫暖的被窩，若不希望每天面對這種「刺激」場面，演拓設計主持設計師張德良建議，除了從地面材質下手外，地暖設備是相當不錯的選擇，若有預算上的考量，也可以選擇局部安裝就好，透過地面加溫的傳導方式，不像傳統暖器容易讓人昏昏欲睡，且使用壽命長，即便老了還是可以享受冬天赤腳的暖意，不需擔心劇烈溫差可能造成的嚴重後果。

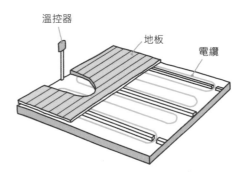

若想在老人住宅中施作地暖系統，基於安全防摔的考量，表面的地板材質建議選擇木地板為佳。塑膠地板遇熱會變形；而石材地板過硬，當長輩跌倒時無緩衝輔助，則較不建議使用此兩種材質。

選購床墊支撐度要夠

年輕時總喜歡睡較軟的床墊，但當身體靈活度已大不如前，軟床不僅起身較困難，甚至容易讓腰椎受傷，除了軟硬度外，床墊的高度也要適中，一般建議大約略高於膝蓋即可，高度太高或太低對於身體都是一大負擔，甚至容易一個恍神就發生跌倒意外，因此也建議在床邊擺放床頭櫃，可以做為起身離床的輔助。

可調式設備體貼使用者需求

高度是操作檯面使用順手度的關鍵，不論是流理台還是洗手台，符合自己的身高操作起來才會舒適，而隨著年齡的增長，自身生理狀態的不同，在操作高度上也會有所差異。目前中島檯面及洗臉台都已有推出自動升降的設計，可以滿足不同階段的身高變化，當然若邀請親友一起來做菜，也能依照不同使用者的身高或使用習慣來調整。

Issue 9　智能科技

→ 89.透過裝置檢測追蹤身體狀況

每天定時量測血壓、血糖可能已是現代人的日常，不論是因為遺傳、生活壓力或是飲食習慣，慢性病的發病年紀也逐漸下降，中年過後尤其需要時刻注意身體狀況，如果能夠有專業的醫護團隊每天幫忙監測身體指數，不僅省去每天自己做紀錄的麻煩，也可以提供醫師更加完整的參考數據，中興保全整合事業本部執行長李榮貴表示，目前已有推出結合雲端管理的量測設備，甚至可以結合健保卡，建立更加完整的身體數據紀錄，並能在觀察出異常時提醒至醫院看診、做檢查。

透過平板或手機控制室內環境

除了良好的採光和通風，溫度和濕度也是影響居住品質的重點環境因素，影響舒適性外，季節交替的日夜溫差或是過高的濕度，都會造成身體不適甚至生病，隨著年紀增長，對環境的變化也更加敏感，甚至可能帶來嚴重後果。近來已有許多整合型的控制系統，透過手機或平板調控，可以將室內溫度、濕度控制在最舒適的狀態，同時也可以整合空氣品質的相關偵測及過濾設備，降低空氣中PM2.5或是二氧化碳的濃度。

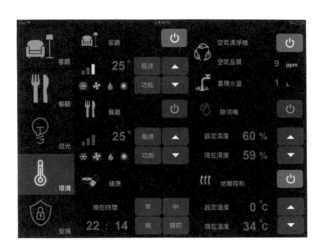

智能科技導入重點

1 管線、插座和網路要預留，以利未來增設智能科技設備。

2 智慧穿戴裝置結合居家安全系統，讓在外的家人能得知家
中長輩情況。

3 選用感應式設備如感應式水龍頭、熱感應器等，避免忘記
關水關火發生危險。

4 運用掃地機器人等智慧家電協助居家打掃工作，要預留充
電插座位置，避免事後使用延長線。

→ 90.主動感應狀況發佈警報提醒

預防意外的發生沒辦法做到百分之百，若是家中設有最後一道警報的防線，就能在重要時刻提供最即時的幫助。年長者大多在浴室及臥房發生意外，或是記憶力變差忘了爐火未關，除了常見的警報按鈕外，目前可透過紅外線與智慧化影像辨識方式，偵測預定範圍內的意外狀況，相較需手動開啟的按鈕式警報器，能提供更即時的警報通知。

智慧洗衣機協助家務進行

記憶力不若從前，常常衣服洗好忘記晾，等到想起時，往往已皺成一團甚至產生異味，雖然有些洗衣機有聲音提醒，但隨著聽力的退化可能也很難察覺，相較於聲音，現代人生活幾乎手機不離身，將洗衣機結合APP，洗衣完成時便會主動推播提醒，甚至可以在不方便曬衣服時，遠端啟動「延後晾衣」功能，定時翻攪衣物並消除異味。

圖片提供＿演拓空間室內設計

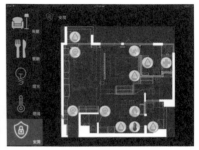

圖片提供＿演拓空間室內設計

出門忘記關爐火！設備幫你把關

廚房最容易發生的意外就是忘記關瓦斯，除了火
災的危險，若在家突然想起，奔跑前去關火也容
易發生跌倒意外或燙傷，目前市面上已有許多透
過溫度感測的防乾燒設計瓦斯爐，就算真的忘記
爐子上的煮食，也不至於釀成災禍，此外，更有
業者推出可以直接定時、定火力的智能瓦斯爐，
從源頭防止意外發生。

Issue 10　玄關／客廳

→ 91.開闊場域為將來需求做好預留

開闊的客廳只擺放一張三人座沙發，是預留寬敞動線方便未來輪椅的行動，地板使用拋光石英磚一來不必顧慮輪椅的刮摩，也更容易清潔，同時為屋主規劃窗邊臥榻，滿足老人家午後打盹的需求，即使不出門也能享有戶外的景致。

寬闊走道設計進出便利

隱藏式的鞋櫃、多功能櫃設計，保留玄關走道的乾淨暢通，寬闊的走道設計，長者無論走路，坐輪椅進出都方便。

圖片提供_森境+王俊宏室內設計

直覺性動線加強居家行動力

客廳到餐廚之間採取開放式的設計，不只加強家人與老者的互動性，也給予他們簡單寬敞的直覺線性動線，同時加入油煙阻絕的設想，在兩個場域之間設置推拉門，平時可全部收起立於牆邊，轉化為空間美型的屏風。

透明隔間安全看得到

客廳、書房局部透明的隔間，讓公共空間視野呈現開放式，老人家活動區域要「看得到才安全」，客廳沙發不以大L型為規劃，不過度柔軟避免老人家爬起來要費很大的力氣，有扶手的單椅便於扶握起身，椅子重量不可太輕導致起立坐下時重心不穩。

Issue 11　餐廚

**→ 92.顧慮長者飲食
　　與行動的廚房動線設計**

中島吧台結合餐桌的設計，製造出行動便利的回字型動線，並將走道寬度拉至125公分以上，納入未來輪椅行經的可能性。中島吧台不只擴大家人聚餐的共享與互動，也同時兼顧長者食物分區料理的飲食習慣。

流理台、餐桌和收納櫃下方要保留空間，方便坐輪椅的家人使用。通道則避免設置門檻，以免阻擋輪椅通行、增加長者跌倒風險。轉彎處盡量避免尖銳直角。

開放式空間設計行走方便
客、餐廳保留開放式大空間的設計，引進自然光源、保持室內空間明亮，寬敞的空間老人家行走更自由方便，如使用拐杖或輪椅也不會因為空間狹小而增加使用的難度。

圖片提供__演拓空間室內設計

流理台、餐桌和收納櫃下方要保留空間,方便坐輪椅的家人使用。通道則避免設置門檻,以免阻擋輪椅通行、增加長者跌倒風險。轉彎處盡量避免尖銳直角。

電動吊櫃預防爬高環境意外

對於廚房的挑高格局看似空間寬敞,但卻產生櫥櫃高度的合適性,為此設計師特別採取吊櫃電動模式,使得櫥櫃的上櫃可由電動控制升降,另外還有手動式五金櫥櫃下掀撐桿等裝置,因此即使要打開上櫃拿取重物也無須站在椅凳上,既無損強化收納功能需求,同時也能預防長輩需要爬高爬低的環境意外傷害。

Issue 12　衛浴

→ 93.保持浴室乾燥不濕滑

浴室的濕滑環境可以說是家中最容易發生跌倒危險的區域，因此，空間設計上乾濕分離是首要條件，且盡量以截水溝取代衛浴門檻，減少需要跨越的落差，地坪也要選擇防滑的地磚材質。隨著年齡增長，若想進一步增加衛浴安全性，則可以考慮加裝輔具，現在已有許多兼具複合功能或是可收起的輔具設計，保持視覺美觀之餘，安全性也不打折。

兼具置物與扶手功能的矮牆

擁有大面積對外窗和玻璃的浴室空間，採光十分良好因此空間明亮。此外，老人家使用的浴室需要有扶手輔助，而在設計上以馬桶旁的矮牆取代了扶手，矮牆的平台面也可用來置物增加功能性，跳脫了傳統長桿式扶手的思維，創造了兼具實用與美感的創新語彙。

圖片提供＿馥閣設計

良好的排水，是衛浴設計的必備要素，浴缸旁邊的地板和洗手檯都設計了排水集水槽，能夠快速排掉積水，避免滑倒的可能。浴缸也降低高度，高40公分，跨入浴缸就不費力。

倒角處理的洗手台邊緣

洗手台的石材特別倒角處理，磨去尖銳邊角而呈現圓滑的邊緣，降低跌倒碰撞造成的傷害程度。浴室無門檻設計搭配90度角的推門，門的兩邊都有把手方便老人家攙扶是貼心的設計細節，右邊也有足夠空間讓輪椅出入。

Issue 13　臥房

→ 94.經過考量的床鋪高度

床鋪的高度如果太低，老人家坐下去時會因拿捏不到高度而容易受傷，反之，高度太高上下床的動作也會變得吃力。床的高度與尺寸經過計算，選用了合適的床架搭配床墊。而鐵件搭配半透黑玻璃的門片則區隔出更衣室，打造出半開放式空間。

圖片提供_演拓空間室內設計

兼顧精神與機能面的兩全設計

就睡眠空間的規劃而言，進一步考量未來行動不便無法時常外出，加大採光窗引進充足自然光，豐富長輩的精神層面，機能面的滿足則讓床頭背牆兼具置物平台功能，方便將生活必需品放在促手可及之處而床旁的書桌，則具備了下床起身的扶手功能。

加大單人床換一夜好眠

對於老人家的生活習慣必應事先溝通瞭解，讓長輩感受安心舒適更勝於設計表現。而兩位長輩往往翻身便影響了枕邊人，而一旦清醒又很難再入睡，所以設計師為長輩採購兩張加大的單人床，讓兩位人可舒服休息。

Chapter 6

樂在付出分享：找尋人生重心

對50歲的人來說，一年的長度是人生的五十分之一；但對於5歲的孩子而言，一年卻是人生的五分之一。50歲時感受到時間流逝速度是5歲小孩的10倍。退休後的人，心裡若想著「暫時放鬆一下……」，即使是一年的時間相對也是轉瞬即逝，而這是個嚴重卻少有人警覺的事。為了不讓人生積存的美好歲月白白過去，應該在退休之前就思考：自己喜歡什麼？有沒有年輕時想做卻沒機會做的事、想學的才藝，或是將所學及經驗分享給下一代，透過給予和付出，比起每天空白過日子更有成就感。

Issue 1　新世代退休觀

→ 95.漸進式退休或半退休狀態

【慢慢進入狀況，退休不再是一天的事】
每天都是星期天、悠閒自在，聽起來似乎是理想的生活型態，但是人還是處於「應該要做什麼」、「必須做什麼才行」比較能夠規範自我。
「我已經辛苦工作了四十多年，退休後再也不想工作了。」要是真有這個想法，不工作也沒關係。不過，還是要尋找真正想做的事情，並開始努力去發現想做的事，渾渾噩噩過日子，會加速老化，不可不慎。

諮詢專家
・張碧桃
・梅州市客林農業休閒開發有限公司董事長
・喜愛自然山林，是山村生活的推手，持續幫助嚮往山村生活的人圓夢，現跨足大陸休閒產業。

自從《高年級實習生》這部電影上映以來，熟齡族重回職場有了新的代名詞，他們擁有難以取代的豐富經驗，雖然對於科技產品的熟悉度或體力不如年輕世代，但若透過職務再調整，擔任顧問或指導者的角色，非全職或彈性工時的聘僱方式，都能讓勞動力發揮長尾價值。

人活著就要動，身體要動，腦筋也要動，才不會四肢退化，引發失智。過去對退休的期待，就是享福，但現代人壽命延長，享20年的福可能就不一定是福氣了。

確實年紀漸長，不適合強度過高的工作，不妨開始思考「漸進式退休」，和僱主商量出合適彼此的工作方式，既能維持在職場的活力，同時也擁有享受人生的時間，不再把退休當成一天的事，而是循序漸進調整，在工作與生活之間尋找平衡，也許人生的第二個職涯高峰，就是從這段時間摸索而來的興趣找到的。

重點提示

1 上了年紀，漸漸減低工作的強度，從付出勞力轉為付出腦力
2 不再把退休當成一天的事，第一年逍遙之後就沒事做，找到興趣投入學習
3 身體與腦袋都持續活動，維持活力與健康，是最棒的資產

Issue 2 重拾年輕時未實踐的夢

→ 96.從現在開始投入興趣，
成為自己世界的第一名

你有沒有想過：好想學畫畫、好想學吹薩克斯風、好想學芭蕾……不要只是想想，儘可能從感興趣的事物中選擇其中一項進一步培養實力。如果有這樣的想

法，建議都50歲了不妨就放手一試。一旦上了年紀，任何人的記憶力或熱情都有可能衰退，想跨出未知的領域將越來越艱難。50歲左右開始，忙碌時休息也沒關係，覺得累時稍微偷懶一下也無所謂。不過，若是能夠不放棄地持續下去，到了退休時已經是十年實力的選手，即將成為資深的一群。能夠這樣日積月累，就能成為自己世界的第一名，自然而然地持續下去。

到了那個時候，和你擁有相同嗜好的同伴也會增加，這樣的同好在退休後的人生不可或缺，應該好好培養這樣的人際關係。集中一、兩個興趣，正式學習吧。

 觀念 → **97. 把時間留給最合拍的人**

到了退休的年齡，身邊親友的組成包含家人、朋
友、同事及鄰居，當中一定會有想要持續或不想
聯絡的親友，在這個人生的轉捩點上，為自己的
後半生大膽的取捨吧！並善用現代科技與網路聯
繫許久未見的朋友們，也許是安排週末活動或是
邀來家中吃飯聚聚，當這些安排成為常態後，自
然就能串起穩定的人際情感。

Issue 3　重新整理人際關係

 → **98.拓展職場以外的交友圈**

退休以後，會失去現在職場上絕大部分的人際交友圈，最好要先做好這樣的心理準備。基於工作而交往的友人，退休後已不再是能夠經常見面的情誼，在退休之前，就要積極建立退休後還能彼此支持的人際關係。如果不這麼做，未來有一天會發現，自己竟然只能在家獨自一人，過著百般聊賴的每一天。

從自己住的社區開始交朋友

人際關係的養成不是一朝一夕，就像栽種花木般，必須及早播種，不懈怠地腳踏實地照顧，就會在你不知不覺中深深紮根，往上開枝散葉，成為可以守護自己的大樹。

50歲開始，試著在住家附近開始逐漸擴展活動範圍，退休時在社區就能紮穩基盤，人際關係也會有相當程度的擴展。退休女性總是比男性懂得安排生活一樣幾乎每天都有地方可去，樂趣能變多，就能夠過著充實的每一天。

此外，也可找一找社區內公園舉辦的義賣活動或
跳蚤市場，在這些場合向工作人員主動提出「我
也想參加」，也是一種打入新圈子的方法。像這
樣積極關注社區活動的話，自然而然就能認識地
方上的朋友，在退休後吆喝一聲就能找到可以小
酌的同伴，讓退休後的生活更多彩多姿。從這些
友人擴展成參加地區活動，相信一定能從中獲得
嶄新的生活價值。

Issue 4　熟年旅行的意義

→ 99.居遊和旅遊

不少人年輕的時候總愛到處旅行，一有假期就安排起行程，國內度週末，連假必出國，每到連續假期新聞不時都會播出哪個風景區大塞車，機場又擠滿出國人潮，通關口大排長龍等等，旅遊這件事，對你的意義是什麼，如果只是因為炒作而隨之起舞，就是跟著去湊熱鬧，倒不如少去兩趟把錢省下來投資自己的老後基金。

換個地方住住看

並不是説旅遊不好，只是都花了時間和金錢，若是是盲目地跟著出去走一趟，上車睡覺，下車尿尿、拍照、買紀念品，對時間寶貴的熟齡人生相當划不來。如果真的有想了解的地方，可以改成「居遊」的方式，或者也有人説Long Stay，花兩週以上甚至幾個月的時間，住在當地，體驗在地生活的各方面滋味，這才比較能得到一些反饋和觸動，也才能觀察到一個地方值得學習的優點，以及引以為鑑的缺點，藉此建立自己的看法和價值觀。

攝影_施銘福

攝影_施銘福

島內輕移民、平日假日兩個家

生活在一個地方久了，難免會感到疲乏，許多人都有遠離塵囂，親近山林或過田園生活的夢想，不過若是久居都會區，便利的交通和終日如白晝的街景，一下子要轉換到好則蟲鳴鳥叫，壞則昆蟲蛇類出沒的自然環境裡，是需要一些心理調整和學習的。在準備規劃退休之前，不妨先用度假的方式「試住」，嘗試看看自己的接受度，如果一住就愛上，或許就可考慮未來移居的計畫，不然做為親朋好友假日度假的據點也是美事一樁。

Issue 5　規劃想要的終點

 → 100.自己究竟想要迎接什麼樣的臨終

一生中，我們賦予自己的絕大多數都是生存技巧的資訊，但關於人生謝幕的事卻寥寥無幾。隨歲月增長，直到隱隱約約浮現這些想像之後，才開始認真思考自己的謝幕儀式。

關於葬禮，有人是基於宗教信仰，有人只是因為大家都這樣做而做。現在也有很多處理身後事的方式：樹葬、海葬等等，對逝者追悼和思念，可以隨時隨地而不用睹墓思人。當主角換成自己的時候，又是怎麼想的呢？

思考終活的形式，認真過積存時間的熟齡生活

日本知名作家，以《斷、捨、離》一書廣為人知的山下英子，對於人生結束的儀式，有自己的看法：「就我個人看來，結果多數人還是會選擇以相同的方式來迎接死亡。但為何會是這樣的結果則是令我百思不得其解的地方。人離開人世之後的葬禮到底有什麼意義。假如是為了自己才辦葬禮的話，或許這場葬禮只不過是個『可有可無』的儀式。因為世上再也沒有自

己的肉身了。再説，假使當人還活著的時候，已經見了自己想見的人，轉達了自己想轉達的事情，對於自己的人生都已充分釋懷的話，以我個人的私心來説，有的時候甚至會覺得沒有必要辦葬禮這樣的儀式。」

關鍵在於，應該反問自己，當離開人世之後，理所當然的辦一場葬禮，「真的是自己所期待的結果嗎？」、「為什麼會有這樣的期待呢？」。人生在世，老實説實在不太會去思考這類的問題。然而所謂的「終活」就是當死亡慢慢靠近自己的同時，仔細看清自己該怎麼活下去的一種作業。

山下英子在書中舉了個例子：「在墓誌銘上，你會想要刻上哪一段文字呢？這也可以説是一種釐清自己日後想要過什麼樣的生活、希望別人如何看待自己的方法吧！」

一個字、一段話，或是一小段英文歌詞，甚至是尊崇的人留給自己的一段難忘的文字，你要不要也找一段可以代表自己的文字呢？

國家圖書館出版品預行編目 (CIP) 資料

熟齡的 100 個幸福生活提案 / 漂亮家居編輯
部著 . -- 初版 . -- 臺北市：麥浩斯出版：家庭
傳媒成邦分公司發行 , 2018.10
　面；　公分 . -- (Solution ; 112)
ISBN 978-986-408-431-9(平裝)

1. 高齡化社會 2. 住宅 3. 空間設計

544.82　107017591

熟齡的100個幸福生活提案

作者	漂亮家居編輯部
責任編輯	楊宜倩
採訪撰文	曾家鳳・楊宜倩
美術設計	林宜德
插畫繪製	黃雅方・楊晏誌

發行人	何飛鵬
總經理	李淑霞
社長	林孟葦
總編輯	張麗寶
副總編輯	楊宜倩
叢書主編	許嘉芬

出版	城邦文化事業股份有限公司 麥浩斯出版
E-mail	cs@myhomelife.com.tw
地址	104台北市中山區民生東路二段141號8樓
電話	02-2500-7578

發行	英屬蓋曼群島商家庭傳媒股份有限公司城邦分公司
地址	104台北市中山區民生東路二段141號2樓
讀者服務專線	0800-020-299 （週一至週五上午09:30～12:00；下午13:30～17:00）
讀者服務傳真	02-2517-0999
讀者服務信箱	cs@cite.com.tw
劃撥帳號	1983-3516
劃撥戶名	英屬蓋曼群島商家庭傳媒股份有限公司城邦分公司

總經銷	聯合發行股份有限公司
地址	新北市新店區寶橋路235巷6弄6號2樓
電話	02-2917-8022
傳真	02-2915-6275

香港發行	城邦（香港）出版集團有限公司
地址	香港灣仔駱克道193號東超商業中心1樓
電話	852-2508-6231
傳真	852-2578-9337

新馬發行	城邦（新馬）出版集團Cite（M）Sdn. Bhd. （458372 U）
地址	41, Jalan Radin Anum, Bandar Baru Sri Petaling, 57000 Kuala Lumpur, Malaysia.
電話	603-9056-3833
傳真	603-9056-2833

製版印刷 凱林彩印有限公司　　　定價　新台幣380元